원서발췌
예기

고전 명작을 읽는 가장 쉬운 길,
'지식을만드는지식 원서발췌'

축약, 해설, 리라이팅이 아닙니다. 원전의 핵심 내용을 문장 그대로 가져옵니다. 작품의 오리지낼리티를 가감 없이 느낄 수 있습니다.
두껍고 읽기 어려워 책장을 덮어 버리곤 했던 고전을 발췌합니다. 해당 작품을 연구한 전문가가 작품의 정수를 가려 뽑아냅니다. 핵심만 읽기 때문에 더 빠르게 더 많은 고전을 읽을 수 있습니다. 제외된 부분은 중간중간 친절하게 요약 설명합니다. 풍부한 해설과 주석으로 전체 내용을 파악하는 데 무리가 없습니다. 정확한 번역, 적절한 윤문으로 10대에서 80대까지 누구나 쉽게 읽을 수 있습니다. 콤팩트한 사이즈와 분량이므로 간편하게 휴대할 수 있습니다. 수천 쪽의 고전을 발췌된 내용으로 읽고도 전체 의미를 파악할 수 있는 것이 지식을만드는지식 원서발췌의 매직입니다. 발췌율은 표지에 표시하고 발췌 방법은 일러두기에 상세히 밝힙니다.
고전 독자를 발췌 읽기에서 완역 읽기로, 더 나아가 원전 읽기로 안내합니다. 바쁜 현대인들에게 새로운 고전읽기 방법을 제시합니다.

원서발췌
예기

禮記

대성(戴聖) 엮음
도민재 옮김

대한민국, 서울, 지식을만드는지식, 2025

편집자 일러두기

- 이 책은 진호(陳澔)의 《예기집설대전(禮記集說大全)》(대전; 學民文化社, 影印本)을 저본으로 번역했습니다.
- 이 책은 《예기》의 약 15%를 발췌해서 번역했습니다.
- 이 책은 《예기》에서 현대인들에게 시사(示唆)하는 의미가 있다고 생각되는 부분을 중심으로 발췌했습니다.
- 현대적 의미가 많지 않은 내용이더라도 독자들이 《예기》 모든 편의 내용을 조금이라도 알 수 있도록 각 편의 내용을 조금씩 번역했습니다. 다만 제31편 〈중용〉과 제42편 〈대학〉은 사서(四書)로 분리되어 읽히므로 번역에서 제외했습니다.
- 독자들이 참고할 수 있도록 번역문과 함께 원문을 병기하고, 필요한 경우 간단한 용어 해설을 덧붙였습니다.
- 괄호 안의 말과 바깥말의 독음이 다를 때, 괄호가 중복될 때에는 [ ]를 사용했습니다.
- 외래어 표기는 현행 한글어문규정의 외래어표기법을 따랐습니다.
- 이 책은 20108년 6월 15일 한정판 '고전선집' 시리즈로 처음 출간했습니다. 2014년 7월 31일 표지를 바꿔 '천줄읽기' 시리즈로 다시 출간했다가 이번에 '원서발췌' 시리즈로 옮겨 출간합니다.

차례

예기(禮記)

1. 곡례 상(曲禮 上)

• 작품 해설

‘곡례(曲禮)’란 자세한 예의, 즉 구체적인 예의 절목(節目)이라는 뜻이다. 이 편에서는 여러 가지 예의범절 및 예의 정신과 의미 등을 자세히 기록하고 있어서, 《예기》에서 매우 중요한 부분이라고 할 수 있다.

곡례에서 말했다. 공경하지 않음이 없으며, 단정하고 엄숙한 듯이 생각하며, 안정감 있게 말하면, 백성을 편안하게 할 수 있다.

曲禮曰 毋不敬 儼若思 安定辭 安民哉.

거만한 마음을 길러서는 안 되며, 욕심을 따라서는 안 되며, 뜻을 가득 차게 해서는 안 되며, 즐거움을 극도로 누려서는 안 된다.

敖不可長 欲不可從 志不可滿 樂不可極.

어진 사람은 가깝더라도 공경하고, 두렵더라도 사랑한다. 사랑하면서도 그 나쁜 점을 알고, 미워하더라도 그 좋은 점을 안다. 재물을 쌓더라도 능히 이를 나눌 줄을 알고, 편안함을 편히 여기지만 능히 옮길 줄을 안다.

賢者 狎而敬之 畏而愛之 愛而知其惡 憎而知其善 積而能散 安安而能遷.

재물에 임해서는 구차하게 얻으려고 하지 말고, 어려운 일을 당해서는 구차하게 모면하려고 하지 말라. 싸움에는 반드시 이기려고 하지 말고, 재물을 나눌 때는 많이 얻으려고 하지 말라. 의심나는 일을 반드시 질정(質正)해 단정지으려 하지 말아서, 자신의 의견을 곧게 개진하되 자신의 의견만을 고집하지 말라.

臨財毋苟得 臨難毋苟免 狠毋求勝 分毋求多 疑事毋質 直而勿有.

무릇 앉는 것은 시동(尸童)[1]처럼 하고, 설 때는 재계(齋

---

1) 시동 : 고대 제사에서 조상을 상징하기 위해 신위(神位)에 앉히던 사람. 주로 조상의 손자 중에서 선발했다.

戒)[2]할 때처럼 해야 한다. 예는 때의 마땅함을 따르고, 사신으로 가서는 그 나라 풍속을 따른다.

若夫 坐如尸 立如齊 禮從宜 使從俗.

예라는 것은 가깝고 먼 것을 정하고, 혐의스러운 것을 결정하며, 같고 다른 것을 분별하고, 옳고 그른 것을 밝히는 것이다.

夫禮者 所以定親疏 決嫌疑 別同異 明是非也.

예는 쓸데없이 남을 기쁘게 하지 않으며, 말을 함부로 하지 않는다. 예는 절도를 넘지 않으며, 남을 침범해 업신여기지 않으며, 버릇없이 가까이하지 않는다.

禮 不妄說人 不辭費. 禮 不踰節 不侵侮 不好狎.

몸가짐을 수양하고 말을 실천하는 것을 착한 행동이라고 하니, 행동이 수양되고 말이 도리에 맞는 것이 예의 본질이다.

修身踐言 謂之善行 行修言道 禮之質也.

---

2) 재계 : 종교적 의식 따위를 치르기 위해 몸과 마음을 깨끗이 하고 부정(不淨)한 일을 멀리하는 의식.

예는 남이 스스로 본받게 하는 것이지, 남에게 억지로 본받도록 하는 것이 아니다. 예는 남이 와서 배우는 것이지, 남에게 가서 억지로 가르치는 것이 아니다.
禮聞取於人 不聞取人. 禮聞來學 不聞往敎.

도덕이나 인의(仁義)는 예가 아니면 이루어지지 않고, 가르쳐서 풍속을 바르게 하는 것도 예가 아니면 갖추어지지 않으며, 분쟁의 해결과 송사(訟事)의 분별도 예가 아니면 결정할 수 없으며, 군신 상하와 부자 형제의 관계도 예가 아니면 정해지지 않으며, 벼슬하고 학문하며 스승을 섬기는 것도 예가 아니면 친해지지 않고, 조정의 반열(班列)에 나아가 군대를 다스리는 것과 관직에 임명되어 법을 시행하는 것도 예가 아니면 위엄이 행해지지 않으며, 기도하며 제사 지내고 귀신을 섬기는 것도 예가 아니면 정성스럽지 않고 장엄하지 않게 된다. 그러므로 군자는 공경하고 절도를 지키고 사양하고 겸손함으로써 예를 밝히는 것이다.
道德仁義 非禮不成 敎訓正俗 非禮不備 分爭辨訟 非禮不決 君臣上下 父子兄弟 非禮不定 宦學事師 非禮不親 班朝治軍 涖官行法 非禮威嚴不行 禱祠祭祀 供給鬼神 非禮不

誠不莊 是以君子 恭敬撙節退讓以明禮.

앵무새가 말을 하지만 하늘을 나는 새에 지나지 않으며, 성성이[3]가 말을 하지만 금수(禽獸)에 지나지 않는다. 지금 사람이 되어서 예가 없다면 비록 말을 하더라도 또한 금수의 마음과 같지 않겠는가! 대개 금수에게는 예가 없으므로 아비와 자식이 암컷을 함께 취하는 것이다. 그러므로 성인이 일어나 예를 만들어 사람들을 가르쳐서, 사람들로 하여금 예가 있게 하여 스스로 금수와 다름을 알게 했다.

鸚鵡能言 不離飛鳥 猩猩能言 不離禽獸 今人而無禮 雖能言 不亦禽獸之心乎. 夫唯禽獸無禮 故父子聚麀 是故聖人作 爲禮以敎人 使人以有禮 知自別於禽獸.

상고(上古)시대에는 덕을 높였고, 그다음 시대에는 베풀고 보답함에 힘썼다. 예는 오고 가는 것을 숭상하므로 가기만 하고 오지 않는 것은 예가 아니며, 오기만 하고 가지 않는 것 또한 예가 아니다. 사람에게 예가 있으면 편안하고 예가 없으면 위태로워진다. 그러므로 '예는 배우지 않

---

3) 성성(猩猩)이 : 유인원의 한 종류.

을 수 없다'고 하는 것이다.

太上貴德 其次務施報. 禮尙往來 往而不來 非禮也 來而不往 亦非禮也. 人有禮則安 無禮則危 故曰 禮者不可不學也.

예는 자신을 낮추고 남을 높이는 것이다. 비록 등짐 진 장사치라 하더라도 반드시 존경할 만한 점이 있으니, 하물며 부귀한 사람은 어떻겠는가! 부귀로우면서 예를 좋아할 줄 알면 교만하지 않고 음란하지 않으며, 빈천하면서도 예를 좋아할 줄 알면 뜻이 겁내지 않게 된다.

夫禮者 自卑而尊人. 雖負販者 必有尊也 而況富貴乎. 富貴而知好禮 則不驕不淫 貧賤而知好禮 則志不懾.

사람이 태어나 열 살이 되면 유(幼)라 하며, 배운다. 스무 살이 되면 약(弱)이라 하며, 관례(冠禮)를 한다. 서른 살은 장(壯)이라 하며, 아내를 맞이한다. 마흔 살은 강(强)이라 하며, 벼슬에 나아간다. 쉰 살은 애(艾)라 하며, 관청의 정무(政務)에 복무한다. 예순 살은 기(耆)라 하며, 남에게 일을 시킨다. 일흔 살은 노(老)라 하며, 집안일을 자식에게 전수한다. 여든 살과 아흔 살은 모(耄)라 하고 일곱 살 된

어린아이는 도(悼)라 하는데, 이들은 비록 죄가 있더라도 형벌을 가하지 않는다. 백 살은 기(期)라 하며, 부양을 받는다.

人生十年曰幼學 二十曰弱冠 三十曰壯有室 四十曰强而仕 五十曰艾服官政 六十曰耆指使 七十曰老而傳 八十九十曰耄 七年曰悼 悼與耄 雖有罪不加刑焉 百年曰期頤.

자식이 된 자의 예는, 겨울에는 따뜻하게 해드리고 여름에는 시원하게 해드리며, 저녁에는 잠자리를 정돈하고 새벽에는 문안을 드리며, 친구끼리 다투지 않는 것이다.

凡爲人子之禮 冬溫而夏凊 昏定而晨省 在醜夷不爭.

자식이 된 자는 나갈 때는 반드시 알리고 돌아와서는 반드시 뵙는다. 노는 곳은 반드시 일정하고 익히는 것은 반드시 과업이 있으며, 평소 말할 때 늙었다고 하지 않는다.

夫爲人子者 出必告 反必面 所游必有常 所習必有業 恒言不稱老.

나이가 배가 많으면 아버지처럼 섬기고, 열 살이 더 많으면 형처럼 모시고, 다섯 살이 더 많으면 어깨를 나란히 하면서 따른다. 함께 있는 사람이 다섯이 되면, 어른은 반드시 자리를 달리한다.

年長以倍則父事之 十年以長則兄事之 五年以長則肩隨之. 羣居五人 則長者必異席.

산 사람의 일은 다음 날부터 계산하고, 죽은 사람의 일은 그날부터 계산한다. 산 사람을 알 때는 조문(弔問)하고, 죽은 사람을 알 때는 슬퍼한다. 산 사람만 알고 죽은 사람을 모를 때는 조문만 하고 슬퍼하지 않으며, 죽은 사람만 알고 산 사람을 모를 때는 슬퍼만 하고 조문하지 않는다.

生與來日 死與往日. 知生者弔 知死者傷 知生而不知死 弔而不傷 知死而不知生 傷而不弔.

나라의 임금이 수레 위에서 예를 행하면 대부는 수레에서 내려온다. 대부가 수레 위에서 예를 행하면 사는 수레에서 내려온다. 이러한 예는 하서인(下庶人)에게 적용하지 않고, 형벌은 상대부(上大夫)에게 적용하지 않는다.

國君撫式 大夫下之 大夫撫式 士下之 禮不下庶人 刑不上大夫.

2. 곡례 하(曲禮 下)

천자의 비를 후(后)라 하고, 제후는 부인(夫人), 대부는 유인(孺人), 사는 부인(婦人), 서인은 처(妻)라고 한다.
天子之妃曰后 諸侯曰夫人 大夫曰孺人 士曰婦人 庶人曰妻.

남의 신하가 된 예의는 드러내 놓고 간하지 않으며, 세 번 간해도 듣지 않으면 그 나라를 떠난다. 자식이 부모를 섬기는 데는 세 번 간해도 듣지 않으면 울부짖으면서 따른다.
爲人臣之禮 不顯諫 三諫而不聽 則逃之. 子之事親也 三諫而不聽 則號泣而隨之.

천자가 죽으면 붕(崩)이라 하고, 제후는 훙(薨)이라 하며, 대부는 졸(卒)이라 하고, 사는 불록(不祿)이라 하며, 서인은 사(死)라고 한다. 죽어서 평상 위에 있을 때는 시신이라 하고, 관에 있을 때는 구(柩)라고 한다. 날개 달린 새의 죽음은 강(降)이라 하고, 네발 달린 짐승의 죽음은 지(漬)라 하며, 난리에 죽는 것은 병(兵)이라고 한다.

天子死曰崩 諸侯曰薨 大夫曰卒 士曰不祿 庶人曰死. 在牀曰尸 在棺曰柩. 羽鳥曰降 四足曰漬 死寇曰兵.

3. 단궁 상(檀弓 上)

• 작품 해설

이 편에서는 상하 편 모두가 복상(服喪)과 매장(埋葬)에 관한 내용을 주로 기록하고 있다. 편 머리에 단궁이라는 사람의 일을 말해서, 이것이 편명이 되었다.

부모를 섬기는 데는 부모의 허물을 숨기는 일은 있어도 드러내어 지적하는 일은 없고, 좌우로 나아가 봉양하는 데는 일정한 한도가 없다. 부지런히 섬기다가 부모가 죽으면 3년 동안 치상(致喪)[4]한다. 임금을 섬기는 데는 허물을 드러내어 지적하는 일은 있어도 숨기는 일은 없고, 좌우로 나아가 모시는 데는 일정한 한도가 있다. 부지런히 섬기다가 임금이 죽으면 3년 동안 방상(方喪)[5]한다. 스승을 섬기는 데는 허물을 드러내어 지적하는 일도 없고 숨기는

4) 치상 : 초상을 극진히 치르는 것.

5) 방상 : 부모상에 준해 초상을 치러서, 의리와 은혜를 다하는 것.

일도 없으며, 좌우로 나아가 모시는 데는 일정한 한도가 없다. 부지런히 섬기다가 스승이 죽으면, 3년 동안 심상(心喪)[6]을 한다.

事親有隱而無犯 左右就養無方 服勤至死 致喪三年. 事君有犯而無隱 左右就養有方 服勤至死 方喪三年. 事師無犯無隱 左右就養無方 服勤至死 心喪三年.

자하(子夏)가 공자(孔子)에게 "부모의 원수에 대해서는 어떻게 합니까?"라고 물으니, 공자가 말했다. "거적자리에서 방패를 베개로 하여 잠자고 벼슬하지 않으며, 그와 더불어 천하를 함께하지 않는다. 시장이나 조정(朝廷)에서 만나면 병기를 거두지 말고 싸워야 한다." 다시 "형제의 원수에게는 어떻게 해야 하는지 묻겠습니다"라고 하니, 공자가 대답했다. "그와 같은 나라에서 함께 벼슬하지 않고, 임금의 명령을 받고 사신으로 갔을 때는 만나더라도 싸우지 않는다." 자하가 다시 "백숙부나 종형제의 원수에게는 어떻게 해야 하는지 묻겠습니다"라고 하니, 공자가 대답했다. "원수를 갚는 데 앞장서지 않고, 주인이 원수를

6) 심상 : 실제 상복을 입지 않으나 애통한 마음으로 상기(喪期)를 마치는 것.

갚겠다면 병기를 가지고 그 뒤를 따른다."

子夏問於孔子曰 居父母之仇如之何. 夫子曰 寢苫枕干不仕 弗與共天下也 遇諸市朝 不反兵而鬪. 曰請問居昆弟之仇如之何. 曰仕弗與共國 銜君命而使 雖遇之不鬪. 曰請問居從父昆弟之仇如之何. 曰不爲魁 主人能則執兵而陪其後.

자로(子路)가 말했다. "내가 선생님께 들으니, '상례는 슬픔이 부족하고 예가 남음이 있기보다는 예가 부족하더라도 슬픔이 남는 것이 낫고, 제례는 공경함이 부족하고 예가 남음이 있기보다는 예가 부족하더라도 공경함이 남는 것이 낫다'고 하셨다."

子路曰 吾聞諸夫子 喪禮 與其哀不足而禮有餘也 不若禮不足而哀有餘也 祭禮 與其敬不足而禮有餘也 不若禮不足而敬有餘也.

상사(喪事)는 일을 빨리 처리하고자 해야 하고, 길사(吉事)는 일을 천천히 조용하게 처리하고자 해야 한다. 그러므로 상사는 비록 급히 처리하더라도 절차를 무시해서는 안 되며, 길사는 비록 멈추어 기다리더라도 게으르게 해서는 안 된다. 그러므로 너무 소란하게 서두르면 야인(野人)과 같게 되고, 너무 천천히 하면 소인과 같게 된다. 군자는 대체로 완급을 알맞게 한다.

喪事 欲其縱縱爾 吉事 欲其折折爾. 故喪事雖遽不陵節 吉事雖止不怠. 故騷騷爾則野 鼎鼎爾則小人 君子蓋猶猶爾.

4. 단궁 하(檀弓 下)

상례는 슬픔이 지극함을 표현한 것이다. 그 슬픔의 절제는 슬픈 심정에 따라 조금씩 변하는 것이니, 군자가 낳아 준 이를 생각하는 것이다. 혼(魂)을 부르는 것은 사랑을 극진히 하려는 도리로, 신에게 기도하는 마음이 있는 것이다. 그윽하고 어두운 곳에서 돌아오기를 바라는 것은 귀신에게서 구원하려는 도리고, 북쪽을 마주 보는 것은 그윽한 곳에서 구원하려는 의리다. 절하고 이마를 조아리는 것은 슬픔이 지극히 아프다는 표현이고, 이마를 조아리는 것은 아픔이 심하다는 표현이다. 반함(飯含)에 쌀과 구슬을 쓰는 것은, 차마 비워둘 수 없기 때문이지 먹게 하려는 도리가 아니므로 아름다운 것을 쓰는 것이다. 명(銘)은 명정(銘旌)이다. 죽은 자는 구별할 수 없으므로 깃발로써 표시하는 것이다. 사랑하기 때문에 여기에 기록하는 것이고, 공경하기 때문에 그 도리를 극진히 하는 것이다.

喪禮 哀戚之至也. 節哀 順變也 君子念始之者也. 復 盡愛之道也 有禱祠之心焉. 望反諸幽 求諸鬼神之道也 北面 求

諸幽之義也. 拜稽顙 哀戚之至隱也 稽顙 隱之甚也. 飯用米貝 弗忍虛也 不以食道 用美焉爾. 銘明旌也 以死者爲不可別已 故以其旗識之 愛之斯錄之矣 敬之斯盡其道焉耳.

오직 제사의 예는 주인이 스스로 극진히 할 뿐이니, 어찌 신이 흠향(歆饗)함을 알 수 있겠는가! 또한 주인의 재계하고 공경하는 마음으로 하는 것이다.
唯祭祀之禮 主人自盡焉爾 豈知神之所饗 亦以主人有齊敬之心也.

공자가 태산(泰山) 곁을 지나는데, 한 부인이 무덤 앞에서 슬피 울고 있었다. 공자가 수레 위에서 예를 행하고 우는 소리를 듣더니, 자로를 시켜 물었다. "부인이 곡하는 것은 마치 거듭되는 근심이 있는 것 같습니다." 부인이 대답했다. "그렇습니다. 옛날에 우리 시아버지가 범에 물려 죽고, 내 남편이 또 범에 물려 죽었는데, 이제 내 아들이 또 범에 물려 죽었습니다." 공자가 "어찌 다른 곳으로 옮기지 않았습니까?"라고 물으니, 부인이 말했다. "여기에는 가혹한 정치가 없기 때문입니다." 이에 공자가 말했다. "너희들은 이것을 기억해 두어라. 가혹한 정치는 범보다 사나운 것이다."

孔子過泰山側 有婦人哭於墓者而哀 夫子式而聽之 使子路問之曰 子之哭也 壹似重有憂者. 而曰 然 昔者吾舅死於虎 吾夫又死焉 今吾子又死焉. 夫子曰 何爲不去也. 曰無苛政. 夫子曰 小子識之 苛政猛於虎.

5. 왕제(王制)

• 작품해설

이 편에서는 이상적인 정치제도에 대해서 기록하고 있는데, 특히 고대의 이상적 토지제도라고 하는 정전법(井田法)에 대한 기록이 비교적 상세하다. 왕제(王制)란 왕자의 정치제도라는 의미다.

왕자가 봉록(俸祿)과 작위(爵位)를 제정할 때는, 공(公)·후(侯)·백(伯)·자(子)·남(男)의 다섯 등급으로 한다. 제후는 상대부(上大夫)인 경(卿), 하대부(下大夫), 상사(上士), 중사(中士), 하사(下士)의 다섯 등급으로 한다. 천자의 경지(耕地)는 사방 천 리고, 공과 후의 경지는 사방 백 리다. 백은 칠십 리고, 자와 남은 오십 리다. 오십 리가 되지 못하는 자는 천자에게 직접 조회(朝會)하지 못하고 제후에게 붙어서 조회하므로, 부용(附庸)이라고 말한다. 천자의 대신(大臣)인 삼공의 경지는 공과 후에 준하고, 천자의 경은 백에, 천자의 대부는 자와 남에, 천자의 원사(元士)는 부용에 준한다.

王者之制祿爵 公侯伯子男 凡五等. 諸侯之上大夫卿下大夫上士中士下士 凡五等. 天子之田方千里 公侯田方百里 伯七十里 子男五十里 不能五十里者 不合於天子 附於諸侯曰附庸. 天子之三公之田視公侯 天子之卿視伯 天子之大夫視子男 天子之元士視附庸.

농전을 제정할 때는 백 무(畝)[7]를 준다. 백 무에서 나오는 것으로 최상급의 농전을 받은 농부는 아홉 명의 가족을 먹이고, 그다음은 여덟 명을 먹이고, 그다음은 일곱 명을 먹이고, 그다음은 여섯 명을 먹이며, 최하급의 농전을 받은 농부는 다섯 명을 먹인다. 서인으로서 관직에 있는 자는 녹봉을 이처럼 가족의 수에 따라서 차등을 둔다.

制農田百畝 百畝之分 上農夫食九人 其次食八人 其次食七人 其次食六人 下農夫食五人 庶人在官者 其祿以是爲差也.

---

7) 무 : 농지의 면적 단위. 사방 6척(尺)을 1보(步)라 하고, 100보를 1무라 했다. 진(秦)나라 이후에는 240보를 1무라 했다. 일반적으로 묘라고 발음하지만, 여기에서는 본음(本音)을 따라 '무'라고 했다.

제후의 하사는 상농부에 준하니, 그 녹봉은 족히 상농부의 경작을 대신할 만하다. 중사는 하사의 배가 되고, 상사는 중사의 배가 되며, 하대부는 상사의 배가 된다. 경은 대부가 받는 녹봉의 네 배가 되고, 군은 경이 받는 녹봉의 열 배가 된다. 제후보다 조금 작은 나라의 경은 대부가 받는 녹봉의 세 배가 되고, 군은 경이 받는 녹봉의 열 배가 된다. 가장 작은 나라의 경은 대부가 받는 녹봉의 배가 되고, 군은 경이 받는 녹봉의 열 배가 된다.

諸侯之下士視上農夫 祿足以代其耕也 中士倍下士 上士倍中士 下大夫倍上士 卿四大夫祿 君十卿祿. 次國之卿三大夫祿 君十卿祿. 小國之卿倍大夫祿 君十卿祿.

제사는 풍년이라 하더라도 사치스럽게 해서는 안 되며, 흉년이라 하더라도 지나치게 검소하게 해서는 안 된다.

祭 豐年不奢 凶年不儉.

천자는 죽은 지 7일 만에 빈(殯)[8]하고, 7개월 만에 장사 지

---

8) 빈 : 시신을 입관(入棺)한 후 장사 지낼 때까지 안치하는 것. 염습(殮襲)을 말하기도 한다.

낸다. 제후는 5일 만에 빈하고, 5개월 만에 장사 지낸다. 대부와 사·서인(庶人)은 3일 만에 빈하고, 3개월 만에 장사 지낸다. 삼년상은 천자로부터 서인에 이르기까지 통용되는 것이다.

天子 七日而殯 七月而葬. 諸侯 五日而殯 五月而葬. 大夫士庶人 三日而殯 三月而葬. 三年之喪 自天子達.

천자로부터 서인에 이르기까지 상례는 죽은 자의 신분을 기준으로 지내고, 제례는 산 자의 신분을 기준으로 지낸다.

自天子達於庶人 喪從死者 祭從生者.

옛날에는 공전(公田)을 백성의 힘을 빌려 경작하게 하여 그 수확만을 거두고, 사전(私田)에 대해서는 세금을 거두지 않았다. 시장에서는 점포세만을 부과하고 상품에는 과세하지 않았다. 관문에서는 통행인을 살피기만 하고 통행세를 징수하지 않았다. 산림과 천택(川澤)은 시기를 정하여 들어가게만 하고 나무하거나 고기 잡는 것을 금지하지는 않았다. 제사 비용을 충당하기 위한 규전(圭田)에는 세금을 부과하지 않았다. 백성을 부역에 동원하는 일이 1년에 3일을 넘지 않았으며, 농사짓는 땅은 팔지 못했고, 묘지는 달라고 청하지 못했다.

古者 公田藉而不稅 市廛而不稅 關譏而不征 林麓川澤以時入而不禁. 夫圭田無征 用民之力 歲不過三日 田里不粥 墓地不請.

사도(司徒)[9]는 육례(六禮)[10]를 닦아서 백성의 성품을 절제하고, 칠교(七敎)[11]를 밝혀서 백성의 덕을 일으키며, 팔정(八政)[12]을 정제(整齊)해 백성이 방종과 사치에 빠지는 것을 막으며, 도덕을 한결같게 하여 풍속을 가지런히 한다. 노인을 봉양함으로써 효를 이루고, 부모 없는 고아나 자식 없는 외로운 노인을 구휼해 의식(衣食)이 부족한 이에게 미치며, 어진 이를 높여서 덕을 숭상하며, 불초(不

9) 사도 : 주로 교육을 담당했던 벼슬 이름.

10) 육례 : 관례(冠禮), 혼례(婚禮), 상례(喪禮), 제례(祭禮), 향례(鄕禮), 사상견례(士相見禮)를 말한다.

11) 칠교 : 부자(父子), 형제(兄弟), 부부(夫婦), 군신(君臣), 장유(長幼), 붕우(朋友), 빈객(賓客)에 관한 일곱 가지 가르침.

12) 팔정 : 음식(飮食), 의복(衣服), 사위[事爲 : 백공(百工)의 기예(技藝)], 이별[異別 : 오방(五方) 기구(器具)의 다름], 도(度 : 길이), 양(量 : 무게), 수(數), 제[制 : 포백(布帛)의 넓이].

肖)한 자를 가려내어 악을 물리친다.

司徒修六禮以節民性 明七教以興民德 齊八政以防淫 一道德以同俗 養耆老以致孝 恤孤獨以逮不足 上賢以崇德 簡不肖以絀惡.

사구(司寇)[13]는 형벌을 바르게 하고 죄를 밝혀서 옥송을 처리하는데, 반드시 세 번에 걸쳐 깊이 살펴서 처리한다. 범죄 의사(意思)는 있지만 증거가 될 명문(明文)이 없는 것은 유죄로 처리하지 않는다. 벌을 주는 것은 가볍게 하고, 사면(赦免)은 죄가 무거운 자에게도 미치게 한다.

司寇 正刑明辟 以聽獄訟 必三刺 有旨無簡不聽 附從輕 赦從重.

무릇 오형(五刑)[14]을 만드는 것은 반드시 하늘의 이치에 따르고, 벌을 주는 것은 사실에 따라서 한다. 오형의 송사

---

13) 사구 : 주로 형벌과 경찰의 일을 담당했던 벼슬 이름.

14) 오형 : 중국에서 고대(古代)로부터 행해지던 다섯 가지 형벌. 얼굴에 먹줄로 죄명을 새겨 넣는 묵형(墨刑), 코를 베는 의형(劓刑), 발꿈치를 자르는 비형(剕刑), 남녀의 생식기를 제거하는 궁형(宮刑), 사형인 대벽(大辟)이 있다.

를 처리하는 것은, 반드시 부자의 친함에 바탕을 두고 군신의 의리에 입각해 저울질한다. 가볍고 무거운 차례를 생각해 논하고, 얕고 깊은 양을 신중히 헤아려서 분별한다. 총명함을 다하고, 충심과 사랑의 마음을 다해서 이에 진력한다. 의심나는 옥사는 널리 사람들의 의견을 듣고서 처리한다. 많은 사람이 죄의 여부를 의심하면 사면하는데, 반드시 옛날의 작고 큰일의 판결과 비교해 살펴서 처리한다.

凡制五刑 必卽天論 郵罰麗於事. 凡聽五刑之訟 必原父子之親 立君臣之義 以權之 意論輕重之序愼測淺深之量 以別之 悉其聰明 致其忠愛 以盡之 疑獄 汜與衆共之 衆疑赦之 必察小大之比 以成之.

어려서 아버지가 없는 자를 고(孤)라 하고, 늙어서 자식이 없는 자를 독(獨)이라 하고, 늙어서 아내가 없는 자를 긍(矜)이라 하고, 늙어서 남편이 없는 자를 과(寡)라 한다. 이 네 부류의 사람은 하늘이 내린 백성 중에서 곤궁(困窮)해 호소할 데가 없는 자니, 모두 일정하게 식료품을 공급받게 한다. 벙어리, 귀머거리, 절름발이, 앉은뱅이, 다리가 없는 자와 난쟁이, 백공(百工)[15]은 각각 그 능력에 따라 일을 시키고 먹게 한다.

少而無父者謂之孤 老而無子者謂之獨 老而無妻者謂之矜 老而無夫者謂之寡 此四者天民之窮而無告者也 皆有常餼. 瘖聾跛躃斷者 侏儒百工 各以其器食之.

15) 백공 : 온갖 종류의 장인(匠人).

6. 월령(月令)

• 작품 해설

이 편에서는 1년 열두 달 조정(朝廷)에서 행할 정령(政令)을 기록하고 있는데, 주로 천문(天文) · 역술(曆術)에 관한 기록과 계절의 변화에 순응하는 연중행사(年中行事) 등에 대해서 기술하고 있다. 이 편의 내용은 《여씨춘추(呂氏春秋)》〈십이기(十二紀)〉의 내용과 거의 일치한다.

정월 : 맹춘의 달(孟春之月)

이달에는 하늘의 기운이 아래로 내려오고 땅의 기운이 위로 올라간다. 천지가 서로 화합해 함께 조화를 이루어 초목에 싹이 나려고 움트면, 임금은 농사를 시작하라는 포고령을 내린다.

是月也 天氣下降 地氣上騰 天地和同 草木萌動 王命布農事.

이달에는 악정(樂正)에게 명하여 학교에서 무(舞)를 익히게 한다. 그리고 제전(祭田)을 정비해 산림과 천택에 제사 지낼 것을 명하되, 희생(犧牲)[16]에 암컷을 쓰지 못하게 한다. 벌목을 금지하고, 새의 둥지를 헐어내는 일이 없게 하고, 애벌레 · 새끼 밴 짐승 · 작은 짐승 · 날기 시작하는 새들을 죽이는 일이 없게 하고, 사슴의 새끼를 잡거나 알을 깨트리는 일도 없게 한다. 백성을 소집해서는 안 되고, 성곽을 설치하려고 민중을 부역에 동원해서도 안 된다. 무덤의 해골이 밖으로 나와 있으면 묻어주게 한다.

是月也 命樂正入學習舞. 乃修祭典 命祀山林川澤犧牲毋用牝. 禁止伐木 毋覆巢 毋殺孩蟲胎夭飛鳥 毋麛 毋卵 毋聚大衆 毋置城郭 掩骼埋胔.

이달에는 군사를 도모해서는 안 된다. 군사를 도모하면 반드시 하늘의 재앙을 받게 될 것이니, 군사를 일으켜 전쟁을 먼저 시작해서는 안 된다. 하늘의 법칙을 바꾸어서는 안 되고, 땅의 이치를 끊어서도 안 되며, 사람의 기강을 문란하게 해도 안 된다.

---

16) 희생 : 천지신명(天地神明), 묘사(廟社) 등에 제사 지낼 때 제물로 바치는 산 짐승. 주로 소, 양, 돼지를 바친다.

是月也 不可以稱兵 稱兵必天殃 兵戎不起 不可從我始. 毋變天之道 毋絶地之理 毋亂人之紀.

2월 : 중춘의 달(仲春之月)

이달에는 어린싹을 보호하고, 짐승의 새끼들을 보살펴 기르며, 고아들을 보살펴 길러준다. 원일(元日)[17]을 택해 백성에게 사직(社稷)에 제사 지내게 하고, 유사(有司)에게 명하여 감옥을 살펴서 죄수들의 발과 손에 맨 쇠고랑을 풀어주게 한다. 사형한 시신을 다시 매질하지 않게 하고, 옥송을 그치도록 한다.

是月也 安萌牙 養幼少 存諸孤. 擇元日命民社 命有司省囹圄 去桎梏 毋肆掠 止獄訟.

이달에 농사짓는 자는 잠시 집에서 쉬게 하니, 이때 덧문과 창문을 수리하고 종묘(宗廟)를 정비하도록 한다. 군사동원이나 부역과 같은 큰일을 벌여 다가올 농사일을 방해하는 일이 없게 한다. 이달에는 하천이나 연못의 물이 마르게 하는 일이 있어서는 안 되고, 준설 공사를 해서도 안

17) 원일 : 일반적으로 초하루를 말하는 것이나, 여기서는 길일(吉日)을 의미하는 것으로 십간(十干) 중에서 신일(辛日)을 말한다.

되며, 산림을 태워서도 안 된다.

是月也 耕者少舍 乃修闔扇 寢廟畢備 毋作大事 以妨農之事. 是月也 毋竭川澤 毋漉陂池 毋焚山林.

3월 : **계춘의 달**(季春之月)

이달에는 바야흐로 생기가 왕성하고 양기가 발동해 넘치게 되어, 움츠렸던 땅속의 벌레가 기어 나오며 나무 등의 싹이 튼 것은 더욱 번성해지니, 모든 것을 안에 가둬두어서는 안 된다. 천자는 덕정(德政)을 펴고 은혜를 베풀며, 유사에게 명하여 곡식 창고를 열어 가난하고 궁핍한 자에게 하사해 양식이 떨어진 자를 구휼한다. 재물 창고를 열어 폐백(幣帛)[18]을 내어 천하에 두루 내린다. 또 제후를 권면(勸勉)해 명사를 초빙하며, 어진 이를 예로 대하게 한다.

是月也 生氣方盛 陽氣發泄 句者畢出 萌者盡達 不可以內. 天子布德行惠 命有司 發倉廩 賜貧窮 振乏絶 開府庫 出幣帛 周天下. 勉諸侯 聘名士 禮賢者.

---

18) 폐백 : 임금에게 바치거나 제사 때 신에게 바치는 물건.

4월 : 맹하의 달(孟夏之月)

이달에는 성장하는 생물이 계속 자라고 더욱 높아지게 해야 한다. 성곽이나 궁궐 등을 무너뜨리거나 헐어내는 일이 있어서는 안 되고, 토목 사업을 일으켜서도 안 되며, 민중을 징발하는 일도 없게 하고, 큰 나무를 벌목하는 일도 없게 한다.

是月也 繼長增高 毋有壞墮 毋起土功 毋發大衆 毋伐大樹.

이달에는 갖가지 약초를 채취해 비축한다. 작은 풀은 말라 죽고 보리의 추수기가 온다. 가벼운 형벌을 단죄하고, 작은 죄를 재판하며, 가볍게 연루된 자는 석방한다. 누에치기가 끝나면 후비(后妃)는 누에고치를 바친다. 이에 견세(繭稅)[19]를 수납하기를, 공급 받은 뽕잎의 많고 적음에 따라 균등하게 하며, 귀천과 장유(長幼)를 막론하고 한결같이 10분의 1을 징수한다. 이것으로 천자의 제복(祭服)을 만든다.

是月也 聚畜百藥 靡草死 麥秋至. 斷薄刑 決小罪 出輕繫. 蠶事畢 后妃獻繭 乃收繭稅 以桑爲均 貴賤長幼如一 以給

19) 견세 : 외명부들이 국가의 뽕잎을 받아서 누에치기를 한 것에 대해 부과하는 세금.

郊廟之服.

5월 : 중하의 달(仲夏之月)

이달에 농사지은 기장이 익게 되니 천자는 닭고기에 기장밥을 맛보고, 앵두를 헌상하면 먼저 종묘에 올린다. 백성에게 명하여 쪽을 베어 염료로 쓰지 못하게 하고, 함부로 나무를 베어 숯을 만드는 일도 없게 하며, 베를 볕에 말리는 일도 못하게 하고, 마을의 이문(里門)을 닫지 못하게 하며, 관문이나 시장에서는 탈세한 자를 수색하지 않고, 중죄인을 가려 그의 급식을 더해준다.

是月也 農乃登黍 天子乃以雛嘗黍 羞以舍桃 先薦寢廟. 令民毋艾藍以染 毋燒灰 毋暴布 門閭毋閉 關市毋索 挺重因益其食.

이달에는 하지(夏至)가 있으니, 음양이 다투어 생과 사가 분별되는 때다. 군자는 재계하고 집 안에서 처함에 반드시 몸을 가려서 행동에 경망스러움이 없게 하며, 성색(聲色)[20]을 멈추어 혹시라도 노여워함이 없게 하고, 음식의

---

20) 성색 : 말소리와 얼굴빛, 또는 음악과 여색(女色)으로 해석하기도 한다.

맛을 담백하게 하여 지나치게 조리하지 않으며, 기호와 욕구를 절제해 심기를 안정시킨다. 백관은 매사에 은인자중(隱忍自重)해 형벌을 집행하지 않아서, 미약한 음의 기운이 완성되는 것을 안정시킨다.

是月也 日長至 陰陽爭 死生分 君子齊戒 處必掩身毋躁 止聲色毋或進 薄滋味毋致和 節耆欲定心氣. 百官靜事毋刑 以定晏陰之所成.

6월 : 계하의 달(季夏之月)

이달에는 수목(樹木)이 바야흐로 무성해진다. 이에 우인(虞人)[21]에게 명하여 산에 들어가 나무를 돌보며 함부로 벌목하지 못하게 한다. 토목공사를 일으켜서는 안 되고, 제후가 회동(會同)해서도 안 되며, 군사를 일으키거나 민중을 동원해서도 안 된다. 큰 역사(役事)를 벌여 양기를 흔드는 일이 없어야 하고, 미리 요역(繇役)의 명령을 반포해 백성을 기다리게 해서 농사를 방해해서는 안 된다. 큰 비가 내려서 신농(神農)[22]이 농사의 공을 유지하려 하는

---

21) 우인 : 산림(山林)이나 천택(川澤)을 관장하는 벼슬.

22) 신농 : 중국 고대 전설상의 제왕. 삼황(三皇)의 한 사람으로, 화덕(火德)을 가지고 있었기 때문에 염제(炎帝)라고도 한다. 농업과 의약

데, 큰일을 일으키면 하늘의 재앙이 있을 것이다.
是月也 樹木方盛. 命虞人入山行木 毋有斬伐. 不可以興土功 不可以合諸侯 不可以起兵動衆 毋擧大事 以搖養氣 毋發令而待 以妨神農之事也. 水潦盛昌 神農將持功 擧大事則有天殃.

이달에는 토질이 기름지고 더워지며, 큰비가 때때로 내린다. 밭의 잡초를 불태우면 다시 비가 내려도 잡초가 되살아나지 못하는 이점이 있다. 땅이 열탕(熱湯)과 같이 뜨거워지므로, 밭에 거름을 주고 토양을 기름지게 할 수 있다.
是月也 土潤溽暑 大雨時行 燒薙行水 利以殺草 如以熱湯 可以糞田疇 可以美土疆.

7월 : 맹추의 달(孟秋之月)

이달에는 유사에게 명하여 법제를 정리하고, 감옥을 수선하며, 수갑이나 차꼬[23]와 같은 형구를 갖추어 간사함을 금지하고, 죄를 저지른 자는 신중하게 단죄하고 죄인을 잡

(醫藥)의 신, 주조(鑄造)와 양조(釀造)의 신이라고 하며, 시장을 세워 백성들이 교역과 물물교환을 할 수 있도록 했다고 한다.

23) 차꼬 : 발에 차는 형구.

는 데 힘쓰도록 한다. 옥리(獄吏)에게 명하여 죄인의 상처를 돌봐주고, 육체가 상한 것을 살피며, 골절을 치료하게 한다. 죄의 판결은 상세히 하여 옥송을 반드시 바르고 공평하게 하며, 죄가 있는 자는 주륙(誅戮)해 형벌의 단죄를 엄중히 한다. 천지에 비로소 가을의 기운이 충만하게 되므로 지나치게 해서는 안 된다.

是月也 命有司 修法制 繕囹圄 具桎梏 禁止姦 愼罪邪 務搏執. 命理瞻傷 察創 視折. 審斷決 獄訟必端平 戮有罪 嚴斷刑. 天地始肅 不可以贏.

이달에 농민은 곡식을 헌상하고, 천자는 햇곡식을 맛보는데 먼저 종묘에 올린다. 백관에게 명하여 비로소 조세를 거두고 제방을 보완하고 방색(防塞)을 조심해 홍수에 대비한다. 궁실을 수리하고 담장의 틈을 메우고 성곽을 보수한다.

是月也 農乃登穀 天子嘗新 先薦寢廟. 命百官 始收斂 完隄坊 謹壅塞 以備水潦 修宮室 坏垣牆 補城郭.

8월 : 중추의 달(仲秋之月)

이달에는 성곽을 축조하거나 도읍을 건설하거나 굴을 뚫

거나 창고를 수리해도 좋다. 이에 유사에게 명하여 백성을 재촉해 조세를 거두고, 나물을 캐어 비축하는 데 힘쓰게 하며, 생활에 필요한 것들을 많이 모으게 한다. 보리의 파종을 권장해 혹시라도 때를 놓치는 일이 없도록 하고, 만일 때를 놓치게 되면 주저하지 말고 죄를 준다.
是月也 可以築城郭 建都邑 穿竇窖 修囷倉. 乃命有司 趨民收斂 務畜菜 多積聚. 乃勸種麥 毋或失時 其有失時 行罪無疑.

이달에는 추분(秋分)이 있어 낮과 밤이 같으며, 천둥이 비로소 소리를 거두고, 칩거하는 벌레가 구멍을 흙으로 막기 시작한다. 음기가 점점 왕성해지고 양기는 날로 쇠해져서, 물이 마르기 시작한다. 추분이 되면 도량(度量)을 고르게 하고 저울을 평균케 하며, 저울추를 바르게 하고 말과 섬을 비교해 바로잡는다.
是月也 日夜分 雷始收聲 蟄蟲坏戶 殺氣浸盛 陽氣日衰 水始涸. 日夜分 則同度量 平權衡 正鈞石 角斗甬.

이달에는 관문(關門)과 시장 출입을 쉽게 해서 상인이 들어오고 화물이 공급되게 하여, 백성의 일을 편리하게 해준다. 사방에서 모여들고 먼 나라에서도 모여들게 되면 재화가 많이 들어와, 조정에서는 재용(財用)이 궁핍한 일이 없게 되고 많은 일을 수행할 수 있게 된다.

是月也 易關市 來商旅 納貨賄 以便民事 四方來集 遠鄕皆至 則財不匱 上無乏用 百事乃遂.

9월 : **계추의 달**(季秋之月)

이달에는 거듭 호령을 엄중하게 하여 백관을 비롯한 모든 사람에게 내실(內實)에 힘쓰도록 명하여, 천지의 폐장(閉藏)하는 법칙에 합치하고 때에 어긋나는 일이 없게 한다. 이에 총재(冢宰)에게 명하여 농사지은 것들을 모두 거두어 비축하게 하고, 오곡의 조세 수입을 총 집계하며, 황제의 적전(籍田)[24]에서 나온 곡식도 거두어들여 신에게 제사 지내기 위한 창고에 저장하는데, 그 일을 오로지 공경하는 마음으로 힘을 다한다.

是月也 申嚴號令 命百官貴賤 無不務內 以會天地之藏 無有宣出. 乃命冢宰 農事備收 擧五穀之要 藏帝藉之收於神倉 祗敬必飭.

---

24) 적전 : 임금이 직접 농민을 두고 농사를 짓던 논밭. 그 곡식으로 신에게 제사를 지냈다.

이달에 초목이 낙엽이 되어 떨어지면, 땔나무를 베고 숯을 굽게 한다. 벌레는 모두 머리를 떨어뜨려 집 속에 틀어박혀서 모두 틈을 막는다. 이에 옥형(獄刑)을 독려해 죄 있는 이를 오랫동안 미결(未決)로 두는 일이 없게 하고, 녹봉의 등급이 마땅하지 않거나 음식과 의복이 마땅하지 않은 것은 모두 거두어들인다.

是月也 草木黃落 乃伐薪爲炭. 蟄蟲咸俯在內 皆墐其戶. 乃趣獄刑 毋留有罪 收祿秩之不當 供養之不宜者.

10월 : **맹동의 달**(孟冬之月)

백관에게 명하여 신중히 창고를 단속하게 하고, 유사에게 명하여 쌓여 있는 물자들을 순찰해 거두어들이지 않은 것이 없게 한다. 성곽을 보수하고 문려(門閭) 관리를 신중히 하며, 빗장을 수리하고 자물쇠를 간수하게 한다. 제후들의 영토 경계를 명확히 하고, 변경을 수비하며 요새를 보완하고, 관문과 교량의 통행을 신중히 하며 샛길은 막는다.

命百官 謹蓋藏 命有司 循行積聚 無有不斂. 坏城郭 戒門閭 修鍵閉 愼管籥 固封疆 備邊竟 完要塞 謹關梁 塞徯徑.

이달에는 수우(水虞)[25]와 어사(漁師)[26]에게 명하여 하천과 연못에서 생산하는 생산물에 대한 세금을 징수하게 하는데, 혹 감히 많은 백성을 수탈해 천자에 대한 원성이 아래에서 일어나는 일이 절대 없도록 하며, 만일 이러한 자가 있다면 죄를 주어 용서하지 않는다.

是月也 乃命水虞漁師 收水泉池澤之賦 毋或敢侵削衆庶兆民 以爲天子 取怨于下 其有若此者 行罪無赦.

11월 : 중동의 달(仲冬之月)

이달에는 농민이 농작물을 거두어들이지 않거나 말이나 소를 방목한 채 놓아둔다면, 다른 사람이 이를 가져가더라도 죄를 묻지 않는다. 산림과 연못에서 야채를 채취하거나 짐승이나 새를 사냥하는 자가 있으면, 임야를 관리하는 관원이 이들을 잘 인도해 가르친다. 여기에서 서로 빼앗으려는 자가 있으면, 이를 죄 주고 용서하지 않는다.

是月也 農有不收藏積聚者 馬牛畜獸有放佚者 取之不詰. 山林藪澤 有能取蔬食 田獵禽獸者 野虞教道之 其有相侵

---

25) 수우 : 연못이나 하천에 관한 것을 담당하는 벼슬.

26) 어사 : 어부나 고기잡이에 관한 것을 담당하는 벼슬.

奪者 罪之不赦.

이달에는 해가 가장 짧은 동지(冬至)가 있다. 음양이 다투어 모든 만물의 생명이 약동하기 시작한다. 군자는 재계하고 처신함에 반드시 몸을 가리며 몸이 편안하게 지내야 한다. 성색을 멀리하고 욕구를 금해 육체와 성품을 편안히 하며, 매사를 고요하게 하여 음양이 안정되기를 기다린다.

是月也 日短至 陰陽爭 諸生蕩. 君子齊戒 處必掩身 身欲寧 去聲色 禁耆欲 安形性 事欲靜 以待陰陽之所定.

12월 : 계동의 달(季冬之月)

이달에는 어사에게 명하여 고기잡이를 시작하게 하고, 천자는 친히 왕림해 잡은 고기를 맛보는 데 먼저 종묘에 올린다. 얼음이 바야흐로 두꺼워져서 하천이나 연못의 물속까지 얼어붙으면, 얼음을 채취할 것을 명하여 빙실(氷室)에 넣게 한다. 백성에게 명하여 오곡의 종자를 내놓게 하고 농사관에게 명하여 경작의 계획을 세우게 하며, 쟁기나 보습 등을 수리하고 농기구를 갖추게 한다.

是月也 命漁師始漁 天子親往 乃嘗魚 先薦寢廟. 冰方盛

水澤腹堅 命取冰 冰以入. 令告民出五種. 命農計耦耕事 修耒耜 具田器.

이달에는 해가 점점 그 운행의 주기를 다하고 달도 1주기가 다하며, 별도 하늘을 돌아와 1년의 날수가 거의 끝나게 되어 새해에 다시 시작하게 된다. 농민은 농사에 전념하게 하고, 따로 사역(使役)하는 일이 없게 한다.

是月也 日窮于次 月窮于紀 星回于天 數將幾終 歲且更始. 專而農民 毋有所使.

7. 증자문(曾子問)

• 작품 해설

이 편에서는 특수한 경우의 변례(變禮)에 관한 내용을 주로 기록하고 있다. 주로 증자의 질문에 공자가 대답하는 형식으로 되어 있어서, 이러한 편명이 붙여졌다.

증자가 물었다. "두 초상을 함께 당하면 어떻게 합니까? 어느 것을 먼저 하고 어느 것을 뒤에 합니까?" 공자가 대답했다. "장사 지내는 데는 가벼운 이를 먼저 하고 무거운 이를 뒤에 하며, 전(奠)[27]을 올리는 데는 무거운 이를 먼저 하고 가벼운 이를 뒤에 하는 것이 예다. 가벼운 이의 빈소(殯所)를 열 때부터 장사 지낼 때까지는 무거운 이의 전을 올리지 않고, 장사 지내러 갈 때는 애통해하며 곡하지 않는다. 장사 지내고 돌아와 전을 올리고 나서 빈소에 고하고, 마침내 무거운 이의 장사를 준비한다. 우제(虞祭)[28]는

27) 전 : 장례 전 영좌(靈座) 앞에 술과 과일 등을 차려놓는 의식.

무거운 이를 먼저 지내고 가벼운 이를 뒤에 지내는 것이 예다."

曾子問曰 並有喪 如之何 何先何後. 孔子曰 葬先輕而後重 其奠也先重而後輕 禮也. 自啓及葬不奠 行葬不哀次 反葬奠而後辭於殯 遂修葬事. 其虞也先重而後輕 禮也.

증자가 물었다. "혼례에서 이미 폐백(幣帛)[29]을 드리고 길일을 정했는데, 여자의 부모가 죽으면 어떻게 합니까?" 공자가 대답했다. "사위의 집에서 사람을 시켜 조문한다. 만일 사위의 부모가 죽으면, 여자의 집에서 역시 사람을 시켜 조문한다. 아버지의 초상이면 아버지의 이름으로 조문하고, 어머니의 초상이면 어머니의 이름으로 조문한다. 부모가 없으면 백부나 백모의 이름으로 조문한다. 사위가 이미 장사 지낸 뒤에 사위의 백부가 여자의 집에 허혼(許婚)의 명(命)을 돌리며 '아무개의 아들이 부모의 상을 당해 형제의 인연을 맺을 수 없으므로, 아무개를 시켜서 명을 돌립니다'라고 말한다. 여자의 집에서 허락하고, 감히

---

28) 우제 : 장례를 치른 후 집으로 돌아와서 지내는 제사. 초우(初虞), 재우(再虞), 삼우(三虞)를 통틀어 이르는 말.

29) 폐백 : 혼례식 전에 혼인의 약조로 신랑이 신부 집에 보내는 예물.

다른 곳으로 시집보내지 않는 것이 예다. 사위가 상복을 벗으면 여자의 부모가 사람을 시켜서 혼인을 청한다. 사위가 만약 그 여자에게 장가들지 않으면, 다른 곳으로 시집가는 것이 예다. 여자의 부모가 죽었을 때에도 사위의 집에서 역시 이와 같이 한다."

曾子問曰 昏禮既納幣有吉日 女之父母死則如之何. 孔子曰 壻使人弔. 如壻之父母死則女之家亦使人弔. 父喪稱父母喪稱母. 父母不在則稱伯父世母. 壻已葬 壻之伯父致命女氏曰 某之子有父母之喪 不得嗣爲兄弟 使某致命. 女氏許諾而弗敢嫁 禮也. 壻免喪 女之父母使人請 壻弗取而后嫁之 禮也. 女之父母死 壻亦如之.

증자가 물었다. "여자를 얻는데, 길일을 정했다가 여자가 죽으면 어떻게 합니까?" 공자가 말했다. "사위가 자최(齊衰)[30]의 상복을 입고 조문한다. 그리고 장사 지낸 뒤에는 상복을 벗는다. 남편이 될 사람이 죽어도 역시 이와 같이

---

30) 자최 : 오복(五服)의 하나. 약간 굵은 생베로 짓되 아래 가를 좁게 접어서 꿰맨 상복이다. 주로 죽은 이의 직계 자손이 입는 상복으로, 어머니 상에는 삼 년, 조부모 상에는 일 년, 증조부모 상에는 다섯 달, 고조부모 상에는 석 달을 입고, 처상(妻喪)에는 일 년을 입는다.

한다."

曾子問曰 取女有吉日而女死 如之何. 孔子曰 壻齊衰而弔 旣葬而除之 夫死亦如之.

증자가 물었다. "삼년상을 치르는 중에 남을 조문할 수 있습니까?" 공자가 말했다. "삼년상에서는 소상(小祥)[31]을 지낸 후에도 여러 사람과 함께 서거나 여행을 하지 않는다. 군자는 예로써 자신의 감정을 나타내는데, 삼년상을 치르는 중에 남을 조문하고 곡하는 것은 또한 허례(虛禮)가 아니겠는가!"

曾子問曰 三年之喪 弔乎. 孔子曰 三年之喪 練 不羣立 不旅行 君子禮以飾情 三年之喪而弔哭 不亦虛乎.

31) 소상 : 사람이 죽은 지 1년 만에 지내는 제사. 1년 상복을 입는 사람은 이때 탈상(脫喪)을 한다.

8. 문왕세자(文王世子)

• 작품 해설

이 편에서는 주(周)나라 문왕(文王), 무왕(武王), 주공(周公) 등의 언행과 주나라의 대학 교육, 양로(養老)의 예법 등을 기록하고 있다.

무릇 교학(郊學)[32]에서 인재를 선발할 때는 반드시 어진 이를 취하고 재주 있는 자를 뽑아야 한다. 혹은 덕행을 가지고 선발하고, 혹은 일에 대한 능력을 가지고 천거하고, 혹은 언변으로써 이름을 날린다. 자잘한 기예가 있는 이는 더욱 근신해 다음 시험을 기다리게 하는데, 앞의 세 가지 중에서 하나만 있어도 그 등급을 올려주기를 성적 순서대로 한다. 이를 교인(郊人)이라고 하여 태학(太學) 출신자보다는 멀리하되, 성균(成均)에서 향연을 베풀 때에는 이들도 참석해 잔을 받을 수 있다.

32) 교학 : 도시 변두리에 설치된 학교.

凡語于郊者 必取賢斂才焉 或以德進 或以事擧 或以言揚. 曲藝皆誓之 以待又語 三而一有焉 乃進其等 以其序 謂之郊人 遠之 於成均 以及取爵於上尊也.

대체로 삼대의 성왕(聖王)이 세자를 가르치는 데는 반드시 예악(禮樂)으로 했다. 악은 내면을 수양하기 위한 것이고, 예는 외면을 수양하기 위한 것이다. 예악은 마음속에서 조화되어 외면으로 드러나는 것이다. 그러므로 그 이루어짐이 기쁘고, 공경스러우면서 온화하다.

凡三王敎世子 必以禮樂 樂所以修內也 禮所以修外也 禮樂交錯於中 發形於外 是故其成也懌 恭敬而溫文.

태부(太傅)와 소부(少傅)를 세워서 세자를 가르치는 것은 세자가 부자와 군신의 도리를 알게 하기 위한 것이다. 태부는 부자와 군신의 도리를 살펴서 보여주고, 소부는 세자를 받들어 태부의 덕행을 보게 하여 자세히 깨우쳐준다. 태부는 앞에 서고 소부는 뒤에 서는데, 들어가면 보(保)가 있고 나가면 사(師)가 있다. 이로써 가르치고 깨우쳐주어 덕을 이루게 하는 것이다. 사는 사실을 가르쳐서 덕을 깨우치게 하는 자고, 보는 자신의 몸을 근신해 세자를 보익해 올바른 길로 돌아가게 하는 자다.

立太傅少傅以養之 欲其知父子君臣之道也 太傅審父子君臣之道以示之 少傅奉世子以觀太傅之德行而審喩之 太傅在前 少傅在後 入則有保 出則有師 是以敎喩而德成也 師也者 敎之以事而喩諸德者也 保也者 愼其身以輔翼之而歸諸道者也.

9. 예운(禮運)

• 작품 해설

이 편에서는 주로 예의 변천 또는 변화의 법칙에 관해 기록하고 있다. 특히 공자가 대동사회(大同社會)에 대해 설명한 부분은 동양의 이상사회론에 관한 내용으로 주목할 만한 부분이라 할 수 있다.

대도(大道)가 행해지면 천하가 공평하게 된다. 어진 덕이 있는 자나 재능이 있는 자를 뽑아 정치를 맡겨서, 믿음을 가르치고 화목함을 닦게 한다. 그러므로 사람들은 자기의 어버이만을 친애하거나 자기의 자식만을 사랑하지 않게 된다. 그리하여 노인은 안락하게 삶을 마칠 수 있고, 젊은 이는 충분히 자기의 힘을 사용할 수 있으며, 어린이는 안전하게 자랄 수 있고, 홀아비 · 과부 · 부모 없는 고아 · 자식 없는 외로운 사람과 병든 사람들이 모두 보살핌을 받을 수 있게 된다. 남자에게는 일정한 직분이 있고, 여자에게는 시집을 갈 곳이 있다. 재물을 땅에 버리지는 않지만 버려진 것이라도 반드시 자기가 가지려고 하지 않으며, 힘이 있어도 자기만을 위해 사용하지 않는다. 그러므로 간사한 모의는 막혀서 생겨나지 않고, 도절난적(盜竊亂賊)은 일어나지 않는다. 그래서 바깥문을 닫지 않고 안심하고 생활한다. 이것을 '대동(大同)'이라고 한다.

大道之行也 天下爲公 選賢與能 講信修睦 故人不獨親其親 不獨子其子 使老有所終 壯有所用 幼有所長 矜寡孤獨廢疾者皆有所養 男有分 女有歸 貨惡其棄於地也不必藏於己 力惡其不出於身也不必爲己 是故謀閉而不興 盜竊亂賊而不作 故外戶而不閉 是謂大同.

대도가 없어지자 천하가 사사롭게 되어, 사람들은 각각 자기의 어버이만을 친애하고 자기 자식만을 사랑하게 되었다. 재물과 힘을 자기만을 위해서 사용하고, 천자나 제후의 지위는 자식이나 형제에게 세습하는 것이 예가 되며, 성곽과 해자를 굳건히 하게 되었다. 예의를 사회의 기강으로 삼아서 임금과 신하를 바르게 하고, 아버지와 아들을 돈독하게 하며, 형제를 화목하게 하고, 부부를 화합하게 했으며, 제도를 만들고 촌락을 세웠으며, 용기와 지혜를

현명한 것으로 여기고, 공을 자기의 것으로 삼게 되었다. 그러므로 간사한 모의가 일어나게 되고 이로 말미암아 전쟁이 일어나게 되었다. 이 때문에 우(禹) · 탕(湯) · 문왕(文王) · 무왕(武王) · 성왕(成王) · 주공(周公)이 나오게 되었으니, 이 여섯 군자는 예를 삼가지 않음이 없었다. 그래서 그 의리를 드러내고 믿음을 상고해 잘못이 있으면 이를 드러내고, 인을 본받고 겸양을 강론하게 하여, 백성에게 불변의 법칙이 있음을 보였다. 만일 이 법을 지키지 않는 자가 있을 때에는 그 사람이 비록 세력가라고 하더라도 내쫓아 버렸으며, 백성은 그를 재앙으로 여겼다. 이것을 '소강(小康)'이라고 한다.

今大道旣隱 天下爲家 各親其親 各子其子 貨力爲己 大人世及以爲禮 城郭溝池以爲固 禮義以爲紀 以正君臣 以篤父子 以睦兄弟 以和夫婦 以設制度 以立田里 以賢勇知 以功爲己 故謀用是作而兵由此起 禹湯文武成王周公由此其選也 此六君子者未有不謹於禮者也 以著其義 以考其信 著有過 刑仁講讓 示民有常 如有不由此者 在埶者去 衆以爲殃 是謂小康.

대체로 예의 시초는 음식에서 시작되었다. 옛날에는 기장과 돼지를 돌 위에서 굽고 웅덩이의 물을 손으로 움켜 마시며 나무줄기 북채로 흙을 쌓아 만든 북을 쳤어도, 오히려 공경함을 귀신에게 바칠 수 있었다.

夫禮之初 始諸飮食 其燔黍捭豚 汙尊而抔飮 蕢桴而土鼓 猶若可以致其敬於鬼神.

사람이 죽으면, 지붕 위로 올라가서 혼을 불러 말하기를 '아아! 모(某)는 돌아오라'고 했고, 그런 뒤에 생쌀로 반함(飯含)[33]하고 익힌 고기를 바쳤다. 그러므로 하늘로 올라가는 혼을 바라보고 땅으로 돌아가는 체백(體魄)[34]을 장사 지내 보내는 것은, 체백은 아래로 내려가고 지기(知氣)[35]는 위에 있기 때문이다. 그러므로 죽은 자가 북쪽으로 머리를 두고 산 사람이 남쪽을 향하는 것은, 모두 그 처음을 좇는 것이다.

及其死也 升屋而號 告曰皐某復 然後飯腥而苴孰 故天望而地藏也 體魄則降 知氣在上 故死者北首 生者南鄕 皆從其初.

---

33) 반함 : 염습할 때, 죽은 사람의 입에 구슬이나 쌀을 물리는 절차.

34) 체백 : 육신(肉身).

35) 지기 : 정신 또는 혼령(魂靈).

예는 임금이 나라를 다스리는 중요한 수단이다. 예는 혐의(嫌疑)를 분별하고 미세한 것을 분명히 하며, 귀신을 모시고 제도를 상고하며 인의를 분별해 정사를 다스리고 임금을 편안히 하는 것이다. 그러므로 정치가 바르지 않으면 임금의 지위가 위태롭게 되고, 임금의 지위가 위태롭게 되면 대신(大臣)은 배반하고 소신(小臣)은 도둑질한다. 형벌이 가혹하고 풍속이 무너지면 법이 떳떳해지지 않고, 법이 떳떳하지 않으면 예가 지켜지지 않고, 예가 지켜지지 않으면 사(士)가 맡은 일을 하지 않게 될 것이다. 형벌이 가혹하고 풍속이 무너지면 백성이 돌아오지 않는다. 이러한 것을 '병든 나라[疵國]'라고 한다.

禮者 君之大柄也 所以別嫌明微 儐鬼神 考制度 別仁義 所以治政安君也 故政不正則君位危 君位危則大臣倍 小臣竊 刑肅而俗敝則法無常 法無常而禮無列 禮無列則士不事也 刑肅而俗敝則民弗歸也 是謂疵國.

무엇을 인정(人情)이라고 하는가? 기뻐하고 화내고 슬퍼하고 두려워하고 사랑하고 미워하고 욕심내는 것으로, 이 일곱 가지는 사람이 배우지 않아도 가지고 있는 능력이다. 무엇을 사람의 의리(義理)라고 하는가? 아비는 사랑하고 자식은 효도하고 형은 어질고 아우는 공손하고 남편은 의롭고 아내는 잘 따르며 어른은 은혜롭고 어린이는 유순하고 임금은 어질고 신하는 충성스러운 것의 열 가지를 사람의 의리라고 한다. 믿음을 강론해 화목함을 닦는 것을 사람의 이로움이라고 하며, 쟁탈하고 서로 죽이는 것을 사람의 환난이라고 한다. 그러므로 성인이 사람의 일곱 가지 감정을 다스리고 열 가지 의리를 닦으며, 믿음을 강론하고 화목함을 닦으며, 사양함을 숭상하고 쟁탈을 버리는 것을, 예를 버리고 무엇으로 다스리겠는가!

何謂人情 喜怒哀懼愛惡欲 七者弗學而能. 何謂人義 父慈子孝兄良弟弟夫義婦聽長惠幼順君仁臣忠 十者謂之人義. 講信修睦 謂之人利 爭奪相殺 謂之人患. 故聖人之所以治人七情 修十義 講信修睦 尙辭讓 去爭奪 舍禮何以治之.

예의란 것은 사람의 큰 단서다. 믿음을 강론하고 화목을 닦는 것은, 마치 사람이 피부의 생김과 근육이나 뼈의 결속을 굳게 하여 육체를 강하게 하는 것과 같다. 예는 산 사람을 봉양하고 죽은 이를 장사 지내 보내며 귀신을 섬기는 큰 단서가 된다. 그러므로 천도(天道)에 통달하고 인정을 따르게 하는 중요한 수단인 것이다. 그러므로 오직 성인만이 예를 버릴 수 없다는 것을 안다. 나라를 무너뜨리고 집을 잃고 사람을 망치는 것은 반드시 먼저 그 예를 버렸기 때문이다. 그러므로 예는 사람에게 마치 술의 누룩과 같이 중요한 것으로, 군자는 예를 열심히 배우고 소인은 예를 가볍게 여긴다.

禮義也者 人之大端也 所以講信修睦 而固人之肌膚之會筋骸之束也 所以養生送死 事鬼神之大端也 所以達天道 順人情之大竇也. 故唯聖人爲知禮之不可以已也 故壞國喪家亡人 必先去其禮 故禮之於人也 猶酒之有蘖也 君子以厚 小人以薄.

그러므로 성왕(聖王)은 의리와 예의를 수단으로 삼아 인정을 다스렸다. 그러므로 인정은 성인의 밭과 같다. 예를 닦아서 밭을 갈고, 의를 펴서 씨앗을 뿌리고, 학문을 강론해 김매고, 인에 근본을 두어 곡식을 모으고, 악을 뿌려서 이를 편안하게 한다. 그러므로 예는 의의 열매다. 의에 맞추어 화합하면 비록 지금의 예가 선왕이 행하던 예가 아니더라도 의를 가지고 일으킬 수 있다. 의는 예(藝)의 분한

(分限)이며 인의 절도(節度)니, 예에 합하여 인을 강론하여 이를 얻는 자는 강하게 된다. 인은 의의 근본이며 예의 토대니 이를 얻는 자는 존귀하게 된다. 그러므로 나라를 다스릴 때 예를 가지고 하지 않는 것은 마치 보습 없이 밭을 가는 것과 같다. 예를 행하는 데 의에 근본하지 않는 것은 마치 밭을 갈고 씨앗을 심지 않는 것과 같다. 의를 추구하면서 학문을 강론하지 않는 것은 마치 씨 뿌리고 김매지 않는 것과 같다. 학문을 강론하면서 인에 맞지 않게 하는 것은 마치 김을 매고도 거두지 않는 것과 같다. 인에 맞기는 하지만 악을 가지고 편안하게 하지 않는 것은 마치 거두어놓고도 먹지 않는 것과 같다. 악을 가지고 편안하게 해주고서도 순화(順和)한 경지에 도달하지 못하는 것은 마치 먹어도 살찌지 않는 것과 같다.

故聖王修義之柄 禮之序 以治人情. 故人情者 聖王之田也 修禮以耕之 陳義以種之 講學以耨之 本仁以聚之 播樂以安之. 故禮也者 義之實也 協諸義而協 則禮雖先王未之有 可以義起也. 義者 藝之分 仁之節也 協於藝 講於仁 得之者强. 仁者 義之本也 順之體也 得之者尊. 故治國不以禮 猶無耜而耕也 爲禮不本於義 猶耕而弗種也 爲義而不講之以學 猶種而弗耨也 講之於學而不合之以仁 猶耨而弗穫也 合之以

仁而不安之以樂 猶穫而弗食也 安之以樂而不達於順 猶食而弗肥也.

10. 예기(禮器)

• 작품 해설

이 편에서는 인간 생활의 규범이 되는 예의 성격과 이를 따르는 데서 생기는 효과를 주로 기록하고 있다. '예기(禮器)'란 그릇이 인간 생활에 필요한 도구인 것처럼, 예라는 규범 또한 인간에게 필요한 도구라는 의미다.

예는 그릇과 같은 규범이므로 크게 갖추어야 한다. 크게 갖추면 성대한 덕이 된다. 예는 사악한 데로 돌아가려는 마음을 버리게 하고 아름다운 자질을 더해주는 것이므로, 몸에 지니면 바르게 되고 베풀면 행해진다. 그것이 사람에게 있는 것은 마치 대나무에 푸른 껍질이 있는 것과 같고, 송백(松柏)에 씨앗이 있는 것과 같다. 이 두 가지는 천하의 큰 절개를 지닌 것이므로, 계절이 변하더라도 가지를 고치거나 잎을 바꾸지 않는다. 그러므로 군자에게 예가 있으면, 밖으로는 외부 사람들과 화합하며 안으로는 원망하는 자가 없게 된다. 그러므로 사물은 그 어진 덕을 생각하지 않음이 없고 귀신은 그 덕을 흠향(歆饗)하게 된다.

禮器 是故大備 大備 盛德也. 禮釋回 增美質 措則正 施則行. 其在人也 如竹箭之有筠也 如松栢之有心也 二者居天下之大端矣 故貫四時而不改柯易葉. 故君子有禮 則外諧而內無怨 故物無不懷仁 鬼神饗德.

선왕이 예를 제정함에 근본이 있고 문식(文飾)[36]이 있다. 충신(忠信)은 예의 근본이고, 의리는 예의 문식이다. 근본이 없으면 성립할 수 없고, 문식이 없으면 행해질 수 없다.

先王之立禮也 有本有文 忠信 禮之本也 義理 禮之文也 無本不立 無文不行.

예는 자연의 변화에 합하고 땅에서 생산되는 재물을 베풀며, 귀신에 순응하고 인심에 화합해 만물을 다스리는 것이다. 그러므로 하늘의 때는 낳음이 있고 땅의 이치는 마땅함이 있고, 사람도 각각의 능력이 있고 물건도 각각 그 쓰임이 있다. 그러므로 하늘이 낳지 않고 땅이 기르지 않은 것을 군자는 예물로 쓰지 않고 귀신도 흠향하지 않는다.

---

36) 문식 : 형식 또는 꾸밈.

산에 살면서 물고기나 자라를 예물로 삼고 연못가에 살면서 사슴이나 산돼지로 예물을 삼는다면, 군자는 이러한 자를 보고 예를 알지 못한다고 한다. 그러므로 반드시 그 나라를 건국할 때의 규모를 따라서 예의 큰 원칙으로 삼는다. 예의 큰 차례는 영토의 넓고 좁음에 따르고, 예의 후하고 박함은 그 해의 풍흉에 따른다. 그러므로 비록 크게 흉년이 들어도 백성이 두려워하지 않으니, 이는 윗사람이 예를 제정함에 절도가 있기 때문이다.

禮也者 合於天時 設於地財 順於鬼神 合於人心 理萬物者也. 是故天時有生也 地理有宜也 人官有能也 物曲有利也. 故天不生 地不養 君子不以爲禮 鬼神弗饗也 居山以魚鼈爲禮 居澤以鹿豕爲禮 君子謂之不知禮. 故必擧其定國之數以爲禮之大經 禮之大倫以地廣狹 禮之薄厚與年之上下 是故年雖大殺 衆不匡懼 則上之制禮也 節矣.

예는 때에 알맞게 하는 것이 가장 중요하고, 차례에 맞게 하는 것이 그다음이고, 예를 행하는 대상에 맞게 하는 것이 그다음이고, 마땅하게 하는 것이 그다음이고, 균형 있게 하는 것이 그다음이다.

禮 時爲大 順次之 體次之 宜次之 稱次之.

예라는 것은 사람의 몸과 같다. 신체가 제대로 갖추어지지 않으면 군자는 사람이 완성되지 못했다고 한다. 예를 베푸는 것이 마땅하지 않으면, 이는 신체가 갖추어지지 않은 것과 같다. 예에는 큰 것이 있고 작은 것이 있으며, 드러난 것이 있고 미세한 것이 있다. 크게 해야 할 것을 덜어서 작게 해도 안 되고 작게 해야 할 것을 보태어 크게 해도 안 되며, 드러내야 할 것을 가려서도 안 되고 미세하게 해야 할 것을 크게 해서도 안 된다. 그러므로 경례(經禮)[37] 삼백 가지와 곡례(曲禮)[38] 삼천 가지가 모두 그 이치는 하나니, 방에 들어가면서 문을 거치지 않는 자는 있을 수 없는 것과 같다.

禮也者 猶體也 體不備 君子謂之不成人 設之不當 猶不備也. 禮有大有小有顯有微 大者不可損 小者不可益 顯者不可揜 微者不可大也. 故經禮三百 曲禮三千 其致一也 未有入室而不由戶者.

군자가 말했다. "마음에 절도가 없는 자는 사물을 보아도

---

37) 경례 : 예의 큰 줄기가 되는 것.

38) 곡례 : 상세한 예의 절차.

통찰하지 못할 것이다. 사물을 살피려고 하면서 예를 통하지 않으면 얻지 못할 것이다. 그러므로 일을 하는 데 예로써 하지 않으면 공경하지 못할 것이고, 입으로 말을 하되 예로써 하지 않으면 신뢰를 받지 못할 것이다. 그러므로 '예는 사물의 극치'라고 한다."

君子曰 無節於內者 觀物弗之察矣 欲察物而不由禮 弗之得矣 故作事不以禮 弗之敬矣 出言不以禮 弗之信矣. 故曰 禮也者 物之致也.

11. 교특생(郊特牲)

• 작품 해설

이 편에서는 천자의 제사에 관한 내용과 관혼(冠婚) · 조근(朝覲) · 연향(燕饗) 등에 관한 내용을 기록하고 있다.

관례에서 처음 쓰는 관은 검은 치포관(緇布冠)[39]이다. 태곳적에는 베로 만든 관을 쓰고, 재계할 때 치포관을 썼다. 그 끈을 아래로 드리우는 것에 대해, 공자는 "나는 이에 대해 들어보지 못했다. 관례 후에는 폐지하는 것이 좋겠다"라고 했다. 맏아들이 주인이 오르는 동쪽 계단에서 관례를 하는 것은 대(代)를 계승함을 드러내는 것이다. 손님의 위치에서 초례(醮禮)[40]를 행하는 것은 성인이 되었음을 더하는 것이다. 세 번 관과 의복을 갈아입히는 삼가(三加)[41]의 예를 행할 때마다 점차 높은 관을 씌우는 것은 그

39) 치포관 : 선비가 평상시에 쓰던, 검은 베로 만든 관.

40) 초례 : 관례에서 관자(冠者)에게 술을 내려주는 의식.

뜻을 높게 가져야 함을 깨우치려는 것이다. 관례를 지낸 뒤에 자(字)를 주는 것은 그 이름을 존경하기 때문이다.

冠義 始冠之 緇布之冠也. 太古冠布 齊則緇之. 其緌也 孔子曰 吾未之聞也 冠而敝之可也. 適子冠於阼 以著代也 醮於客位 加有成也 三加彌尊 喩其志也 冠而字之 敬其名也.

천자의 원자(元子)[42]도 역시 사(士)니, 천하에 태어나면서부터 귀한 자는 없다. 대를 이어서 제후가 되는 것은 선대의 어진 행실을 본받았기 때문이다. 관작을 사람에게 주는 것은 덕의 차이에 따른다. 사에게 죽은 후에 시호(諡號)[43]를 주는 것은 지금의 법도니, 옛날에는 살아 있을 때 관작이 없으면 죽어서 시호가 없었다. 예를 존중하는 것은 그 의리를 존중하기 때문인데, 그 의리를 잃고서 예물의 수를 형식적으로 진열하는 것은 축사(祝史)[44]의 직무

---

41) 삼가 : 관례 때 세 번 의복과 관을 갈아입히는 의식.

42) 원자 : 아직 왕세자에 책봉되지 아니한 임금의 맏아들.

43) 시호 : 제왕이나 재상, 유현(儒賢) 등이 죽은 뒤에, 그들의 공덕을 칭송해 내려주는 이름.

44) 축사 : 신을 모시는 일을 맡은 벼슬아치. 혹은 축관(祝官)과 사관(史官)으로 보기도 한다.

다. 그러므로 그 예를 형식적으로 행할 수는 있어도 그 의리를 알기는 어려운 것이다. 그 의리를 알고서 이를 공경해 지키는 것이 천자가 천하를 다스리는 일인 것이다.

天子之元子 士也 天下無生而貴者也. 繼世以立諸侯 象賢也. 以官爵人 德之殺也. 死而諡今也 古者生無爵死無諡. 禮之所尊 尊其義也 失其義 陳其數 祝史之事也 故其數可陳也 其義難知也 知其義而敬守之 天子之所以治天下也.

천지가 합한 뒤에 만물이 일어나는 것이니, 대체로 혼례란 만세의 시작이다. 서로 다른 성씨(姓氏)를 취하는 것은 소원(疏遠)한 사람과 만나게 하여 그 분별을 두텁게 하려는 것이다. 폐백을 보낼 때 반드시 정성을 다하고 말을 정중하게 하는 것은 며느리에게 정직과 믿음을 알리고자 하는 것이니, 믿음이란 사람을 섬기는 도리고 믿음은 부덕(婦德)이다. 한 번 남편과 혼인을 하면 죽을 때까지 마음이 변하지 않아야 하므로, 남편이 죽어도 다시 시집가지 않는 것이다.

天地合而后萬物興焉 夫昏禮 萬世之始也. 取於異姓 所以附遠厚別也. 幣必誠 辭無不腆 告之以直信 信事人也 信婦德也 壹與之齊 終身不改 故夫死不嫁.

남자가 친영(親迎)[45]할 때, 남자가 여자보다 앞에 가는 것은 강유(剛柔)의 의리에 의한 것이다. 하늘은 땅보다 먼저고 임금은 신하보다 먼저니, 그 의리가 같은 것이다. 폐백을 가지고서 상견례를 하는 것은, 서로 공경해 분별을 분명히 하는 것이다. 남녀가 분별이 있은 뒤에야 부자가 친해지고, 부자가 친해진 뒤에라야 의리가 생긴다. 의리가 생긴 뒤에라야 예가 생기고, 예가 생긴 뒤에라야 만물이 편안해진다. 분별이 없고 의리가 없는 것은, 금수(禽獸)의 도리다.

男子親迎 男先於女 剛柔之義也 天先乎地 君先乎臣 其義一也. 執摯以相見 敬章別也 男女有別然後父子親 父子親然後義生 義生然後禮作 禮作然後萬物安 無別無義 禽獸之道也.

45) 친영 : 혼례(婚禮)에서 신랑이 신부를 친히 맞아들이는 절차.

12. 내칙(內則)

• 작품 해설

이 편에서는 집 안에서 부부간에 지켜야 할 예절과 부모를 섬기는 예절, 음식 예절, 자녀 교육 등에 관한 내용을 기록하고 있다. '내칙(內則)'이란 집 안에서 행해야 할 예절이라는 뜻이다.

남녀가 아직 관례나 계례(笄禮)[46]를 하지 않았을 때는, 첫닭이 울면 세수하고 양치질하고, 빗질해 머리를 싸매고, 먼지를 털어 머리를 묶고 주머니를 차고 날이 밝을 무렵에 문안을 드리면서 무슨 음식을 드실 것인지를 묻는다. 만일 이미 드셨다면 물러나고, 아직 드시지 않았으면 어른을 도와서 음식을 준비한다.

男女未冠笄者 鷄初鳴 咸盥漱 櫛縰 拂髦 總角 衿纓 皆佩

46) 계례 : 15세 전후 또는 약혼한 여자가 올리는 성년 의식. 땋았던 머리를 풀어 올리고 쪽을 찌었다.

容臭 昧爽而朝 問何食飮矣 若已食則退 若未食則佐長者視具.

모든 집 안팎의 사람들은 첫닭이 울면 손을 씻고 양치질하고 옷을 입고 베개와 잠자리를 치운다. 방과 마루와 뜰에 물을 뿌려 소제하고 자리를 펴고서 각각 자신이 맡은 일을 한다. 어린아이는 일찍 자고 늦게 일어나며, 자신이 하고 싶은 것을 하고 먹는 것은 정해진 때가 없이 먹어도 된다.
凡內外 鷄初鳴 咸盥漱 衣服 斂枕簟 灑掃室堂及庭 布席 各從其事. 孺子蚤寢晏起 唯所欲 食無時.

남자는 집 안의 일에 대해 말하지 않으며, 여자는 집 밖의 일에 대해 말하지 않는다. 제사나 초상이 아니면 남녀가 그릇을 서로 주고받지 않는다. 제사나 초상에서 남녀가 서로 주고받을 때는 여자가 광주리를 가지고서 받는다. 광주리가 없을 때는 모두 꿇어앉아서 바닥에 내려놓은 뒤에 받아간다. 남녀는 우물에서 같이 물을 푸지 않고 욕실을 함께 쓰지 않으며, 잠자리를 함께 쓰지 않고 물건을 서로 빌리지 않으며, 의상을 함께 쓰지 않는다. 집 안의 말이 집 밖으로 나가지 않게 하며, 집 밖의 말이 집 안으로 들어

가지 않게 한다. 남자는 집 안에 들어가서 휘파람을 불지 않고 손가락질을 하지 않으며, 밤에 집 안에 들어갈 때는 촛불을 가지고 가되 촛불이 없으면 가지 않는다. 여자가 문밖으로 나갈 때는 반드시 얼굴을 가린다. 밤에 다닐 때는 촛불을 가지고 가되 촛불이 없으면 가지 않는다. 길에서 남자는 오른쪽으로 가고, 여자는 왼쪽으로 간다.

男不言內 女不言外 非祭非喪 不相授器 其相授則女受以篚 其無篚則皆坐 奠之而后取之. 外內不共井 不共湢浴 不通寢席 不通乞假 男女不通衣裳. 內言不出 外言不入 男子入內 不嘯不指 夜行以燭 無燭則止. 女子出門 必擁蔽其面 夜行以燭 無燭則止. 道路男子由右 女子由左.

부모에게 잘못이 있을 때, 자식은 기운을 부드럽게 하고 얼굴빛을 즐겁게 하여 목소리를 낮추어 간(諫)한다. 간하는 말을 만일 들어주지 않더라도 더욱 공경하고 효도하며, 기분이 좋아지면 다시 간한다. 만약 부모의 기분을 상하게 하더라도, 부모가 향당주려(鄕黨州閭)[47]에서 죄를 얻

47) 향당주려 : 자기 살고 있는 고을이나 마을을 이르는 말. 본래는 주(周)나라 때의 지방 조직 단위로 1만 2500집을 '향(鄕)', 500집을 '당(黨)', 2500집을 '주(州)', 25집을 '여(閭)'라고 하였다.

게 되는 것보다는 차라리 되풀이해 간하는 것이 낫다. 부모가 노여워하고 기뻐하지 않아서 매를 때려 피가 흘러도, 감히 미워하거나 원망하지 말고 더욱 공경하고 효도한다.
父母有過 下氣怡色 柔聲以諫 諫若不入 起敬起孝 說則復諫 不說與其得罪於鄉黨州閭 寧孰諫 父母怒 不說而撻之流血 不敢疾怨 起敬起孝.

부모가 비록 돌아가셨더라도, 장차 착한 일을 행하려고 하면 부모에게 아름다운 명성이 돌아갈 것을 생각해 그 일을 반드시 행한다. 장차 착하지 못한 일을 행하려고 할 때는 부모에게 부끄러움과 욕됨이 미칠까를 생각해서 반드시 그 일을 행하지 않는다.
父母雖沒 將爲善 思貽父母令名 必果 將爲不善 思貽父母羞辱 必不果.

증자가 말했다. "효자가 노부모를 봉양하는 데에는, 마음을 즐겁게 해주고 뜻을 어기지 않고 귀와 눈을 즐겁게 해주고 잠자리를 편안하게 해주고 음식으로 정성껏 봉양하기를 몸을 마칠 때까지 해야 한다. 몸을 마친다는 것은, 부모의 몸이 마치는 것이 아니라 자신의 목숨이 다할 때까지를 말한다. 그러므로 부모가 사랑하는 것을 또한 자신도 사랑하고, 부모가 공경하는 것을 또한 자신도 공경해야 한다. 개나 말에 이르기까지 모두 그렇게 해야 하니, 더구나 사람에게 대해서는 어떻겠는가!"

曾子曰 孝子之養老也 樂其心 不違其志 樂其耳目 安其寢處 以其飮食忠養之 孝子之身終 終身也者 非終父母之身 終其身也 是故父母之所愛亦愛之 父母之所敬亦敬之 至於犬馬盡然 而況於人乎.

자식이 밥을 먹게 되면 오른손으로 먹도록 가르치고, 말을 하게 되면 남자는 곧게 대답하고 여자는 완곡하게 대답하게 한다. 남자는 가죽 주머니를 차고, 여자는 비단 주머니를 찬다. 여섯 살이 되면 수(數)와 방위(方位)의 이름을 가르친다. 일곱 살이 되면 남자와 여자가 자리를 같이 하지 않고, 음식을 함께 먹지 않는다. 여덟 살이 되면 문을 출입할 때와 자리에 앉을 때와 음식을 먹을 때에 반드시 어른보다 뒤에 하도록 하여 겸양의 도리를 가르친다. 아홉 살이 되면 날짜 세는 것을 가르친다. 남자가 열 살이 되면 바깥의 스승에게 나아가 배우게 하고, 사랑채에 거처하고 글씨와 계산하는 것을 배운다. 옷은 비단으로 만든 바지저

고리를 입히지 않고, 예절은 처음 가르치던 대로 한다. 아침저녁으로 어린이의 예의를 배우는데, 간략한 것과 신실한 것을 익히게 한다. 열세 살이 되면 음악을 배우고 시를 외우고 작무(勺舞)[48]를 배운다. 성동(成童)[49]이 되면 상무(象舞)[50]를 배우고 활쏘기와 말타기를 배운다. 스무 살이 되면 관례를 하고 비로소 성인(成人)의 예를 배우며, 갖옷[51]과 비단옷을 입을 수 있다. 대하(大夏)[52]를 배우고 독실하게 효제를 행하며, 널리 배우되 가르치지는 않으며, 아는 것을 속으로 간직하고 밖으로 뽐내지 않는다. 서른 살이 되면 아내를 맞이해 비로소 남자의 일을 처리한다. 널리 배우기를 일정한 것이 없게 하며, 벗을 사귈 때 그 벗이 뜻하는 바를 보고 사귄다. 마흔 살이 되면 비로소 벼슬한다. 일에 대해 계획을 세우고 생각을 발표하는데, 도리에 합당하면 복종하고 옳지 않으면 떠나간다. 쉰 살이 되면 명을 받아 대부가 되어 관청의 정무를 담당한다.

---

48) 작무 : 문무(文舞)를 말한다.

49) 성동 : 15세 이상 된 청소년.

50) 상무 : 무무(武舞)를 말한다.

51) 갖옷 : 가죽이나 털가죽으로 만들어 겉에 입는 옷.

52) 대하 : 문무(文武)가 겸비된 춤.

일흔 살이 되면 벼슬을 사퇴한다. 대체로 남자는 절을 할 때 왼손을 위로 한다.

子能食食 教以右手 能言 男唯女俞 男鞶革 女鞶絲. 六年 教之數與方名. 七年 男女不同席 不共食. 八年 出入門戶 及卽席飮食 必後長者 始教之讓. 九年 教之數日. 十年 出就外傅 居宿於外 學書記 衣不帛襦袴 禮帥初 朝夕學幼儀 請肄簡諒. 十有三年 學樂 誦詩 勺舞. 成童 象舞 學射御. 二十而冠 始學禮 可以衣裘帛 舞大夏 惇行孝弟 博學不教 內而不出. 三十而有室 始理男事 博學無方 孫友視志. 四十始仕 方物出謀發慮 道合則服從 不可則去. 五十命爲大夫 服官政. 七十致事. 凡男拜尙左手.

여자는 열 살이 되면 문밖에 나가지 않으며, 여자 스승이 말을 공손히 하고 용모를 유순하게 하며 어른의 말을 잘 듣고 따르는 법을 가르친다. 삼베로 길쌈을 하고 누에고치로 실을 뽑으며 비단을 짜고 실을 만드는 여자의 일을 배워서 의복을 제공하고, 제사를 참관해 술 · 간장 · 변두(籩豆)[53] · 침채(沈菜)[54] · 젓갈을 올려서 제사의 예를 돕는다. 열다섯

53) 변두 : 제사 때 쓰는 제기. 변(籩)은 대나무로 만들어 곡식이나 마른 제수를 담는 제기고, 두(豆)는 나무로 만들어 고기 등을 담는 제기다.

살이 되면 계례를 하고, 스무 살이 되면 시집간다. 부모상과 같이 시집가지 못할 사정이 있으면 스물세 살에 시집간다. 빙례(聘禮)[55]의 절차를 밟아 맞아들여지면 아내가 되는 것이고, 자기 쪽에서 먼저 가면 첩(妾)이 된다. 대체로 여자는 절을 할 때 오른손을 위로 한다.

女子十年不出 姆敎婉娩聽從 執痲枲 治絲繭 織紝組紃 學女事 以共衣服 觀於祭祀 納酒漿籩豆菹醢 禮相助奠. 十有五年而笄. 二十而嫁 有故二十三年而嫁 聘則爲妻 奔則爲妾. 凡女拜尙右手.

---

54) 침채 : 소금에 절인 채소. 고춧가루를 넣지 않은 일종의 김치.

55) 빙례 : 남자 측에서 구혼(求婚)하여, 혼인의 육례(六禮)를 갖추어 시집가는 것.

13. 옥조(玉藻)

• 작품 해설

이 편에서는 천자의 의복, 음식, 거처에 대한 예법과 일반 군자의 의관 등 복식 제도에 대해 주로 기록하고 있어서, 옛 문물제도를 자세하게 고찰할 수 있다. '옥조(玉藻)'란 천자의 면류관 앞뒤에 발처럼 늘어뜨린 주옥(珠玉)을 꿴 끈을 말한다.

임금은 제사 같은 특별한 일이 없으면 소를 잡지 않고, 대부는 특별한 일 없이 양을 잡지 않으며, 선비는 특별한 일 없이 개와 돼지를 잡지 않으니, 군자는 부엌을 멀리해 모든 살아 있는 것을 스스로 죽이지 않는다. 8월이 되어 비가 오지 않으면, 임금은 희생(犧牲)을 잡지 않는다. 그해에 흉년이 들면 임금은 베옷을 입고 선비들이 쓰는 홀(笏)[56]을 찬다. 관문과 나루에서는 세금을 거두지 않으며,

56) 홀 : 관복(官服)을 입었을 때 손에 드는 수판(手板). 왕은 규(圭)를 잡고, 대부(大夫)나 사(士)는 홀을 잡았다. 원래 왕의 교명(敎命) 등을

산이나 못 등을 막아서 세금을 거두지 않으며, 토목공사를 일으키지 않고, 대부는 수레를 만들지 않는다.

君無故不殺牛 大夫無故不殺羊 士無故不殺犬豕 君子遠庖廚 凡有血氣之類 弗身踐也. 至于八月不雨 君不擧. 年不順成 君衣布 搢本 關梁不租 山澤列而不賦 土功不興 大夫不得造車馬.

아버지가 명하여 부르면 자식은 빨리 대답하고 지체하지 않는다. 손에 일을 잡고 있을 때는 일을 내던지고, 음식이 입속에 있으면 뱉으며, 달려가되 종종걸음으로 가지 않는다. 어버이가 늙으면 외출했다가 다른 곳으로 방향을 바꾸지 말고 돌아오는 시간이 늦지 않게 하며, 어버이가 병이 들면 행색과 얼굴빛에 활기를 띠지 않으니, 이것이 효자가 어버이를 섬기는 예절이다. 아버지가 돌아가신 후 아버지의 책을 차마 읽지 못하는 것은, 거기에 아버지의 손때가 남아 있기 때문이다. 어머니가 돌아가신 후 어머니의 그릇으로 음식을 먹지 못하는 것은, 어머니의 입김이 아직 남아 있기 때문이다.

적어 잊지 않게 하려는 목적이었으나, 뒤에는 단순히 의례용 도구가 되었다.

父命呼 唯而不諾 手執業則投之 食在口則吐之 走而不趨. 親老 出不易方 復不過時 親癠 色容不盛 此孝子之疏節也. 父沒而不能讀父之書 手澤存焉爾. 母沒而杯圈不能飮焉 口澤之氣存焉爾.

군자의 용모는 한가롭고 단아해야 하며, 높은 지위에 있는 사람을 만났을 때는 언행을 삼가고 방종하지 말아야 한다. 발의 움직임은 신중하고 손의 모습은 공손하며, 눈의 모양은 단정하고 입의 모양은 안정되며, 목소리는 고요하고 머리는 바르게 하며, 기상은 엄숙하고 서 있을 때는 덕스러워야 하며, 얼굴빛은 장엄하고 앉아 있을 때는 시동처럼 하며, 한가히 집에 있을 때와 가르쳐줄 때는 온화하게 한다.

君子之容舒遲 見所尊者齊遬. 足容重 手容恭 目容端 口容止 聲容靜 頭容直 氣容肅 立容德 色容莊 坐如尸 燕居告溫溫.

14. 명당위(明堂位)

• 작품 해설

'명당위(明堂位)'란 천자가 제후를 조회시켜서 존비(尊卑)의 위치를 분명히 밝히는 궁실을 말한다. 이 편에서는 주공(周公)이 그의 조카인 성왕(成王)을 도와서 명당에 조회시킨 일과 성왕이 주공에게 봉해진 노(魯)나라에게 예악(禮樂)을 하사해 이를 행한 일들을 기록하고 있다.

옛날에 주공(周公)이 제후들을 명당(明堂)[57]의 정해진 위치에 세우고 조회시켰을 때, 천자는 도끼가 그려진 병풍을 등지고 남쪽을 향해 섰다. 삼공(三公)은 중간 계단의 앞에서 북쪽을 향해 서는데 동쪽을 상석으로 한다. 제후(諸侯)의 위치는 조계(阼階)[58]의 동쪽에서 서쪽을 향해 서는데 북쪽을 상석으로 한다. 제백(諸伯)의 나라는 서계의 서쪽

57) 명당 : 천자(天子)가 천하에 정령(政令)을 펴는 장소.

58) 조계 : 동쪽 계단.

에서 동쪽을 향해 서는데 북쪽을 상석으로 한다. 제자(諸子)의 나라는 문의 동쪽에서 북쪽을 향해 서는데 동쪽을 상석으로 한다. 제남(諸男)의 나라는 문의 서쪽에서 북쪽을 향해 서는데 동쪽을 상석으로 한다.[59] 동쪽에 있는 아홉 이(夷)의 나라는 동문 밖에서 서쪽을 향해 서는데 북쪽을 상석으로 한다. 남쪽에 있는 여덟 만(蠻)의 나라는 남문 밖에서 북쪽을 향해 서는데 동쪽을 상석으로 한다. 서쪽에 있는 여섯 융(戎)의 나라는 서문 밖에서 동쪽을 향해 서는데 남쪽을 상석으로 한다. 북쪽에 있는 다섯 적(狄)의 나라는 북문 밖에서 남쪽을 향해 서는데 동쪽을 상석으로 한다. 천 리 밖에 있는 구채(九采)의 나라는 응문(應門)[60] 밖에서 북쪽을 향해 서는데 동쪽을 상석으로 한다. 구주(九州) 바깥 사방의 변경에 있는 종족은 임금이 바뀌면 와서 고한다. 이것이 주공이 정한 명당의 위치니, 명당이란 제후의 존비를 분명히 하는 곳이다.

---

59) 제후 · 제백 · 제자 · 제남 : 천자가 부여하는 제후들의 작위 등급. 공(公) · 후(侯) · 백(伯) · 자(子) · 남(男)으로 나뉜다.

60) 응문 : 왕궁을 건축할 때, 궁전으로부터 남쪽 방향으로 노문(路門) · 응문(應門) · 치문(雉文) · 고문(庫門) · 고문(皐門)의 다섯 문을 만드는데, 이 중 안쪽에서 두 번째에 있는 문이다.

昔者 周公朝諸侯于明堂之位 天子負斧依 南鄉而立. 三公中階之前 北面東上. 諸侯之位 阼階之東 西面北上. 諸伯之國 西階之西 東面北上. 諸子之國 門東 北面東上. 諸男之國 門西 北面東上. 九夷之國 東門之外 西面北上. 八蠻之國 南門之外 北面東上. 六戎之國 西門之外 東面南上. 五狄之國 北門之外 南面東上. 九采之國 應門之外 北面東上. 四塞 世告至. 此周公明堂之位也 明堂也者 明諸侯之尊卑也.

15. 상복소기(喪服小記)

• 작품 해설

이 편에서는 상복(喪服) 및 상례의 사소한 일들을 기록하고 있어서, 《의례》 〈상복〉편을 보완하는 성격을 지닌 내용이라고 할 수 있다.

재기(再期)의 상은 햇수로 3년이고, 기년(期年)의 상은 햇수로 2년이다. 9개월 또는 7개월의 상은 사계절 중 세 계절이고, 5개월의 상은 두 계절이며, 3개월의 상은 한 계절이다. 그러므로 1주기를 마치고 소상(小祥) 제사를 지내는 것이 예이고, 다시 1주기를 마치고 상복을 벗는 것이 도리다. 소상 제사를 지내는 것은 상복을 벗기 위한 것이 아니다. 부모가 죽은 지 3년 이후에 장사 지낼 경우에는 소상과 대상의 두 제사를 모두 지내는데, 제사를 지내는 기간은 한 번에 합하여 지내는 것이 아니라 간격을 두어 제사를 지내고 상복을 벗는다.

再期之喪 三年也. 期之喪 二年也. 九月七月之喪 三時也. 五月之喪 二時也. 三月之喪 一時也. 故期而祭 禮也. 期而除喪 道也. 祭不爲除喪也. 三年而后葬者必再祭 其祭之間不同時而除喪.

복상(服喪)[61] 중에 병이 있는 이를 봉양할 때는 상복을 입지 않고, 그 병자가 죽으면 마침내 상주가 된다. 복상 중이라서 병자를 봉양하지 않다가 그 사람이 죽어서 상주가 되었을 때는, 처음에 자신이 입었던 상복을 바꾸지 않고 계속 입는다. 복상 중에 자신이 봉양하는 이가 손윗사람이면 반드시 상복을 벗고 봉양해야 하지만, 손아랫사람이면 상복을 입어도 된다.

養有疾者不喪服 遂以主其喪. 非養者 入主人之喪 則不易己之喪服. 養尊者必易服 養卑者否.

장례에 사용하는 기물을 진열하는 도리는, 붕우(朋友)나 빈객(賓客)이 보내온 기물은 많이 진열하되 매장할 때는 줄여서 하고, 상가(喪家)에서 준비한 기물은 줄여서 진열하되 모두 매장하는 것이 옳다.

---

61) 복상 : 상복을 입고 상례를 치르는 것.

陳器之道 多陳之而省納之可也 省陳之而盡納之可也.

16. 대전(大傳)

• 작품 해설

이 편에서는 조종(祖宗)을 높이고 친족(親族)을 친애하는 인도(人道)의 대의를 기록하고 있으며, 위 편을 이어서 복상의 마음가짐에 대해서도 기록하고 있다.

성인이 왕이 되어 천하를 다스릴 때 가장 먼저 할 것이 다섯 가지가 있는데, 백성을 다스리는 것은 그 속에 들어 있지 않다. 첫째는 친족을 다스리는 것이고, 둘째는 공로에 보답하는 것이며, 셋째는 어진 이를 등용하는 것이고, 넷째는 유능한 자를 부리는 것이며, 다섯째는 사랑하는 것을 살피는 것이다. 이 다섯 가지를 모두 천하에서 얻는다면 백성이 부족함이 없을 것이며 넉넉하지 않음이 없게 될 것이다. 이 다섯 가지에서 하나라도 어긋남이 있으면 백성이 안심하고 죽을 수도 없을 것이다. 성인이 왕이 되어 천하를 다스리는 것은 반드시 인도(人道)에서 시작한다.

聖人南面而聽天下 所且先者五 民不與焉. 一曰治親 二曰報功 三曰擧賢 四曰使能 五曰存愛. 五者一得於天下 民無不足 無不贍者. 五者一物紕繆 民莫得其死. 聖人南面而治天下 必自人道始矣.

상복을 입는 방법에 여섯 가지가 있다. 첫째는 친족의 친애 정도에 따라서 상복을 입는 것이고, 둘째는 존비(尊卑)의 차등에 따르는 것이며, 셋째는 백숙모(伯叔母) · 자부(子婦) · 형수(兄嫂) 등과 같은 명칭에 따르는 것이고, 넷째는 여자의 친족이 출가(出嫁)했는가의 여부에 따르는 것이며, 다섯째는 장유의 차등에 따르는 것이고, 여섯째는 친족을 좇아서 다른 사람의 복을 입는 종복(從服)이다.
服術有六 一曰親親 二曰尊尊 三曰名 四曰出入 五曰長幼 六曰從服.

17. 소의(少儀)

• 작품 해설

이 편에서는 상견례(相見禮)나 선물을 보내는 방법 등과 같은 자잘한 예법에 대해서 기록하고 있다.

임금을 섬기려는 자는 임금을 헤아려본 후에 들어가 섬기고, 들어가 섬긴 후에는 임금을 헤아리지 않는다. 무릇 남에게 물건을 구걸하거나 빌리며, 남을 위해 일을 하는 경우에도 또한 그렇게 한다. 그렇게 하면 군신(君臣) 간에 윗사람이 원망하지 않고 아랫사람이 죄를 멀리하게 될 것이다. 윗사람을 모실 때는 은밀한 것을 엿보지 않으며, 버릇없는 행동을 하지 않으며, 지나간 허물을 말하지 않으며, 상대를 희롱하는 얼굴빛을 하지 않는다.

事君者 量而后入 不入而后量. 凡乞假於人 爲人從事者亦然. 然故上無怨 而下遠罪也. 不窺密 不旁狎 不道舊故 不戱色.

남의 신하가 된 자는 임금의 잘못을 간언(諫言)함이 있더라도 비방하지 않으며, 몸을 피해 도망치더라도 미워하지 않으며, 칭송하되 아첨하지 않으며, 잘못을 간언하되 교만하지 않는다. 임금이 정사를 게을리하면 이것을 바로잡도록 돕고, 나랏일에 폐단이 있으면 이를 제거해 고친다. 이러한 사람을 사직(社稷)[62]을 받드는 신하라고 말한다.
爲人臣下者 有諫而無訕 有亡而無疾 頌而無讇 諫而無驕 怠則張而相之 廢則埽而更之 謂之社稷之役.

빈객이 되면 공손함을 주로 해야 하고, 제사를 지낼 때는 공경함을 주로 해야 한다. 상사(喪事)를 당해서는 슬퍼함을 주로 해야 하며, 제후들의 회동에서는 말을 명확하게 함을 주로 해야 한다. 군대에서는 위험함을 생각해 자기편의 실정을 숨기고 적의 정세를 헤아려야 한다.
賓客主恭 祭祀主敬 喪事主哀 會同主詡 軍旅思險 隱情以虞.

62) 사직 : 나라에서 제사를 지내는 대상인 토지의 신과 곡식의 신을 의미하는 말로서, 일반적으로 나라 또는 조정을 이르는 말로 쓰인다.

18. 학기(學記)

• 작품 해설

이 편에서는 교학(敎學)의 의의를 설명하고 있는데, 주로 하(夏)·은(殷)·주(周) 삼대(三代)의 교육제도와 학문이 인간 생활에 미치는 영향 등에 대해서 기록하고 있다.

옥돌은 다듬지 않으면 그릇이 되지 못하고, 사람은 배우지 않으면 도리를 알지 못한다. 그러므로 옛 임금은 나라를 세우고 백성의 군주가 되어서 가르치고 배우는 것을 가장 먼저 했다. 《서경(書經)》〈열명(兌命)〉편에 "처음과 끝을 생각하고 언제나 배움에 힘써야 한다"고 했으니, 바로 이것을 두고 말한 것이다.

玉不琢 不成器 人不學 不知道 是故古之王者 建國君民 敎學爲先. 兌命曰 念終始典于學. 其此之謂乎.

비록 좋은 안주가 있더라도 먹지 않으면 그 맛을 알지 못하고, 비록 지극한 도리가 있더라도 배우지 않으면 그 착함을 알지 못한다. 그러므로 배운 연후에야 그 부족함을 알고, 가르쳐 본 연후에야 교육의 어려움을 알게 된다. 부족함을 알게 된 연후에야 스스로 반성하게 되고, 가르침의 어려움을 알게 된 연후에야 스스로 노력하게 되는 것이다. 그러므로 '가르치고 배우는 것이 서로 돕는 것이다'라고 한다. 〈열명〉에서 "가르침이 배움의 반이다"라 했으니, 바로 이것을 말한 것이다.

雖有嘉肴 弗食不知其旨也 雖有至道 弗學不知其善也 是故學然後知不足 教然後知困 知不足然後能自反也 知困然後能自强也 故曰教學相長也. 兌命曰 學學半. 其此之謂乎.

옛날에 교육하던 것은, 25집이 있는 가(家)에는 숙(塾)이란 학교가 있었고, 500집이 있는 당(黨)에는 상(庠)이라는 학교가 있었으며, 1만 2500집이 있는 수(術)에는 서(序)라는 학교가 있었고, 국도(國都)에는 학(學)이 있었다. 해마다 학교에 입학하는데, 한 해를 걸러서 학업의 진척 정도를 시험했다. 입학 후 1년 뒤에는 경전의 구두(句讀)[63]를

---

63) 구두 : 글을 읽기 편하게 구절을 나누고 토(吐)를 다는 것.

나누고 뜻을 해석하는 것을 시험하며, 3년 뒤에는 학업을 공경히 하고 벗들과 화합하는 것을 시험하며, 5년 뒤에는 널리 지식을 습득하고 스승을 친애하는 것을 시험하며, 7년 뒤에는 학문을 강론하고 벗을 가려서 사귀는 것을 시험하는데, 이것을 소성(小成)이라고 한다. 9년 뒤에는 사물을 분별하고 도리에 통달해 굳세게 자립해서 외부의 유혹에 흔들리지 않음을 익히니, 이것을 대성(大成)이라고 한다. 이렇게 한 뒤에야 족히 백성을 감화시키고 풍속을 바꾸며, 가까이 있는 자는 마음으로 복종하고 먼 데 있는 자도 그를 사모해 따르게 될 것이니, 이것이 대학의 길이다.
古之敎者 家有塾 黨有庠 術有序 國有學. 比年入學 中年考校 一年視離經辨志 三年視敬業樂羣 五年視博習親師 七年視論學取友 謂之小成 九年知類通達 强立而不反 謂之大成. 夫然後足以化民易俗 近者說服而遠者懷之 此大學之道也.

군자가 이미 교육이 흥성하는 이유를 알고, 또 교육이 무너지는 이유를 안 연후에야 남의 스승이 될 수 있다. 그러므로 군자가 교육하는 것은 바른 길로 인도하되 무리하게 이끌지 않고, 그 뜻을 북돋아주되 이를 억제하지 않으며,

그 깨닫는 길을 열어주되 그 자리에서 통달함을 추구하지 않는다. 바른 길로 인도할 뿐 무리하게 이끌지 않으면 화합하게 되고, 뜻을 북돋아주되 억제하지 않으면 쉽게 배우며, 깨닫는 길을 열어주되 통달함을 추구하지 않으면 생각하게 된다. 화합하고 쉽게 배우며 생각한다면, 잘 깨우친다고 말할 수 있다.

君子旣知敎之所由興 又知敎之所由廢 然後可以爲人師也. 故君子之敎喩也 道而弗牽 强而弗抑 開而弗達 道而弗牽則和 强而弗抑則易 開而弗達則思 和易以思 可謂善喩矣.

배우는 자에게 네 가지 잃음이 있으니, 가르치는 자는 반드시 이를 알아야 한다. 사람이 배우는데 혹은 많은 것에서 잃고 혹은 적은 것에서 잃으며, 혹은 쉬운 것에서 잃고 혹은 멈추는 것에서 잃게 된다. 이 네 가지 과오는 마음이 한결같지 않기 때문이다. 그 마음을 안 연후에야 능히 그 과오를 구제할 수 있는 것이니, 가르친다는 것은 선을 조장(助長)해서 그 과오를 구제하는 것이다.

學者有四失 敎者必知之 人之學也 或失則多 或失則寡 或失則易 或失則止 此四者 心之莫同也. 知其心然後能救其失也 敎也者 長善而救其失者也.

대체로 배움의 길에서는 스승을 존엄하게 여기는 것이 어려운 일이다. 스승이 존엄하게 된 연후에야 도가 높아지며, 도가 높아진 연후에야 백성이 학문을 공경할 줄 알게 된다. 그러므로 군주로서 신하를 신하로 대하지 않는 것에는 두 가지가 있으니, 시동(尸童)이 되었던 자에게는 신하로 대하지 않고, 스승이 되었던 자에게는 신하로 대하지 않는다. 태학(太學)[64]의 의례에 비록 천자에게 고할 때에도 북쪽을 바라보지 않는 것은 스승을 높이기 때문이다.
凡學之道 嚴師爲難 師嚴然後道尊 道尊然後民知敬學 是故君之所不臣於其臣者二 當其爲尸則弗臣也 當其爲師則弗臣也 大學之禮 雖詔於天子 無北面 所以尊師也.

잘 배운 자는 스승이 편안하면서도 효과는 배가 되며, 또한 학생은 이를 스승의 공로로 돌린다. 잘 배우지 못한 자는 스승이 힘이 들면서도 효과는 반이 되며, 학생은 이로써 스승을 원망한다. 질문을 잘하는 자는 마치 견고한 나무를 자르는 것과 같아서, 쉬운 것을 먼저 하고 자세한 절

64) 태학 : 원문에는 대학(大學)으로 되어 있으나, 이는 고대사회 최고(最高) 교육기관이었던 태학(太學)을 의미하는 것이다.

목을 뒤에 하여 그 오래됨에 미치게 되면 내용이 서로 연관되어 자연히 풀리게 되는데, 질문을 잘 못하는 자는 이와 반대가 된다. 문답을 잘하는 자는 마치 종을 치는 것과 같아서, 작게 두드리면 작게 울고 크게 두드리면 크게 울며 조용해지기를 기다린 연후에 그 소리를 다하게 되는데, 문답을 잘하지 못하는 자는 이와 반대가 된다. 이것이 모두 학문에 나아가는 길이다.

善學者師逸而功倍 又從而庸之 不善學者師勤而功半 又從而怨之. 善問者如攻堅木 先其易者 後其節目 及其久也 相說以解 不善問者反此. 善待問者如撞鐘 叩之以小者則小鳴 叩之以大者則大鳴 待其從容 然後盡其聲 不善答問者反此. 此皆進學之道也.

19. 악기(樂記)

• 작품 해설

이 편에서는 악(樂)의 의미 및 예(禮)와 악(樂)의 관계, 예악의 정치적 효과 등에 대해서 기록하고 있어서, 중국 고대의 음악에 대한 이상(理想)을 살필 수가 있다. 이 편의 내용은《사기(史記)》〈악서(樂書)〉 및《순자(荀子)》〈악론(樂論)〉편의 내용과 많은 부분이 일치한다.

대체로 소리가 만들어지는 것은 사람의 마음이 움직임으로부터 생겨난다. 사람의 마음이 움직이는 것은 사물이 그렇게 만드는 것이다. 마음이 사물에 느껴서 움직이게 되면 소리가 나타나는데, 다른 소리들이 서로 반응하게 되면 변화가 생기게 되고, 변화가 일정한 형태를 이루게 되는 것을 음(音)이라고 한다. 이 음을 배열해 악기로 연주해 간척(干戚)[65]과 우모(羽旄)[66]를 통해 춤을 추게 되면,

---

65) 간척 : 무무(武舞)를 출 때 손에 잡는 방패와 도끼.

이것을 악(樂)이라고 한다.

凡音之起 由人心生也 人心之動 物使之然也 感於物而動 故形於聲 聲相應 故生變 變成方謂之音 比音而樂之 及干戚羽旄 謂之樂.

악은 음으로 말미암아 생겨나는 것으로, 그 근본은 사람의 마음이 사물에 감응하는 데 있다. 그러므로 슬픈 마음이 느껴질 때는 그 소리가 타는 듯이 힘이 없고, 즐거운 마음이 느껴질 때는 그 소리가 명랑하면서 여유가 있다. 기쁜 마음이 느껴질 때는 그 소리가 뛸 듯이 높아지고, 분노의 마음이 느껴질 때는 그 소리가 거칠고 사납다. 공경하는 마음이 느껴질 때는 그 소리가 진지하면서 겸손하고, 사랑하는 마음이 느껴질 때는 그 소리가 화평하면서 부드럽다. 이 여섯 가지는 성품 때문이 아니고, 사물을 느낀 연후에 감동하는 것이다. 그러므로 선왕은 그 느끼게 하는 바를 신중하게 처리했다. 그러므로 예로써 사람들의 뜻을 인도하고 악으로써 소리를 화평하게 했으며, 정치로써 행동을 한결같게 하고 형벌로써 간사함을 막았다. 이러한 예악형정(禮樂刑政)의 목표는 하나니, 백성의 마음을 같

---

66) 우모 : 문무(文舞)를 출 때 손에 잡는 꿩의 깃털과 소의 꼬리.

도록 만들어 다스림의 도리를 실현시키려는 것이다.

樂者 音之所由生也 其本在人心之感於物也. 是故其哀心感者 其聲噍以殺 其樂心感者 其聲嘽以緩 其喜心感者 其聲發以散 其怒心感者 其聲粗以厲 其敬心感者 其聲直以廉 其愛心感者 其聲和以柔 六者非性也 感於物而后動. 是故先王愼所以感之者 故禮以道其志 樂以和其聲 政以一其行 刑以防其姦 禮樂刑政 其極一也 所以同民心而出治道也.

대체로 음이라는 것은 사람의 마음에서 생겨나는 것이다. 감정이 마음속에서 움직여 소리로 표현되며, 소리가 일정한 형태를 이루는 것을 음이라고 한다. 그러므로 잘 다스려지는 시대의 음은 편안하면서 즐거우니, 이는 그 정치가 화평하기 때문이다. 어지러운 시대의 음은 원망하며 분노에 차 있으니, 이는 그 정치가 도리에 어긋나기 때문이다. 망국(亡國)의 음은 슬프고 생각하게 만드니, 이는 그 백성이 고난을 당하기 때문이다. 이처럼 성음(聲音)의 길은 정치와 통하는 것이다.

凡音者 生人心者也 情動於中故形於聲 聲成文謂之音. 是故 治世之音 安以樂 其政和 亂世之音 怨以怒 其政乖 亡

國之音 哀以思 其民困 聲音之道 與政通矣.

대체로 음이란 사람의 마음에서 생겨나는 것이고, 악은 윤리와 통하는 것이다. 그러므로 소리는 알면서도 음을 알지 못하는 것은 바로 금수이고, 음은 알면서도 악을 알지 못하는 자는 바로 평범한 사람이며, 오로지 군자만이 진정으로 악을 알 수가 있다. 그러므로 소리를 밝게 분별해야 음의 이치를 알게 되고, 음을 밝게 분별해야 악의 이치를 알게 되며, 악을 밝게 분별해야 정치의 이치를 알게 되어, 다스림의 도리가 갖추어지게 되는 것이다. 그러므로 소리의 이치를 알지 못하는 자와는 함께 음을 말할 수 없으며, 음의 이치를 알지 못하는 자와는 함께 악을 말할 수가 없으니, 악을 알면 예의 이치에 가깝게 된다. 예악을 모두 얻은 자를 덕이 있는 사람이라고 말하니, 덕이란 얻었다는 것이다.

凡音者 生於人心者也 樂者 通倫理者也. 是故知聲而不知音者 禽獸是也 知音而不知樂者 衆庶是也 唯君子爲能知樂. 是故審聲以知音 審音以知樂 審樂以知政 而治道備矣. 是故不知聲者不可與言音 不知音者不可與言樂 知樂則幾於禮矣. 禮樂皆得 謂之有德 德者得也.

예는 백성의 마음을 절도 있게 하고, 악은 백성의 소리를 화평하게 한다. 정치로써 예악의 도리를 행하고, 형벌로써 방자함을 막는다. 예악형정이 천하의 사방에 널리 행해져 어긋나지 않는다면, 왕도(王道)가 구현될 것이다.

禮節民心 樂和民聲 政以行之 刑以防之. 禮樂刑政 四達而不悖 則王道備矣.

악은 화합하게 하는 것이고, 예는 다름을 분별하는 것이다. 화합하면 서로 친하게 되고, 다름을 분별하면 서로 공경하게 된다. 악의 화합이 지나치면 방종으로 흐르고, 예의 분별이 지나치면 마음이 떠나게 된다. 내면의 인정(人情)을 화합하고 외면의 형식을 장식하는 것은 예악의 일이다. 예의가 바로 서면 귀천의 분별이 있게 되고, 음악이 잘 화합하면 위아래가 화목해지며, 호오(好惡)의 감정이 밝게 드러나면 착한 것과 착하지 못한 것이 뚜렷이 구별되고, 형벌로써 횡포를 금지하고 벼슬로써 어진 이를 등용하면 정치가 고르게 된다. 인(仁)으로써 백성을 사랑하고 의(義)로써 백성을 바로잡는다. 이와 같이 하면 백성을 다스리는 것이 올바로 행해질 것이다.

樂者爲同 禮者爲異 同則相親 異則相敬 樂勝則流 禮勝則離 合情飾貌者 禮樂之事也. 禮義立則貴賤等矣 樂文同則上下和矣 好惡著則賢不肖別矣 刑禁暴爵擧賢則政均矣 仁以愛之 義以正之 如此則民治行矣.

악은 사람의 내면으로부터 나오고, 예는 밖으로부터 일어나는 것이다. 악은 내면으로부터 나오기 때문에 고요하고, 예는 밖으로부터 일어나는 것이기 때문에 형식이 있다. 훌륭한 음악은 반드시 그 곡조가 쉽고, 훌륭한 예는 반드시 그 형식이 간편하다. 악이 지극하면 원망이 없게 되고, 예가 지극하면 다투지 않게 된다. 인사하고 겸양하여 천하를 다스린다는 것은, 바로 예악을 두고 하는 말이다.
樂由中出 禮自外作 樂由中出故靜 禮自外作故文. 大樂必易 大禮必簡 樂至則無怨 禮至則不爭. 揖讓而治天下者 禮樂之謂也.

20. 잡기 상(雜記 上)

• 작품 해설

이 편에서는 제후(諸侯)로부터 사(士)에 이르기까지의 상례(喪禮)에 관한 일을 기록하고 있는데, 상례 이외에도 여러 내용이 잡다하게 기록되어 있어서 '잡기'란 편명이 붙었다. 상하(上下) 두 편으로 나뉘어 있다.

대부(大夫)는 부모 및 형제가 대부가 되지 못하고 사(士)의 신분으로 죽었을 때는 사의 상복을 입는다. 사는 부모 및 형제가 대부의 신분으로 죽었을 때는 사의 상복을 입는다. 대부의 맏아들은 대부의 상복을 입는다. 대부의 서자(庶子)[67]가 대부가 되었을 때는 부모를 위해 대부의 상복을 입지만, 그 지위는 아직 대부가 되지 못한 형제들과 나이순으로 선다. 사의 아들이 대부가 된 후에 죽었을 때는 그 부모가 상주가 될 수 없다. 그러므로 죽은 자의 아들이

67) 서자 : 둘째 이하의 아들.

상주가 되며, 아들이 없다면 그를 위해 후사(後嗣)를 세운다.

大夫爲其父母兄弟之未爲大夫者之喪服 如士服. 士爲其父母兄弟之爲大夫者之喪服 如士服. 大夫之適子 服大夫之服. 大夫之庶子爲大夫 則爲其父母服大夫服 其位與未爲大夫者齒. 士之子爲大夫 則其父母弗能主也 使其子主之 無子則爲之置後.

제사에서는 효자·효손이라 일컫고, 상사(喪事)에서는 애자(哀子)·애손(哀孫)이라 일컫는다. 상중에 입는 웃옷과 상주가 타는 수레는 모두 신분에 상관없이 차등이 없다.

祭稱孝子孝孫 喪稱哀子哀孫. 端衰喪車皆無等.

사의 상에 천자와 똑같이 하는 일이 세 가지가 있다. 장례 전날 밤새도록 화톳불을 피우는 것과 사람을 시켜 상여 줄을 잡게 하는 것과 영구(靈柩)[68]가 길을 전용해서 가는 것이다.

士喪有與天子同者三 其終夜燎 及乘人 專道而行.

---

68) 영구 : 시신을 담은 관.

21. 잡기 하(雜記 下)

아버지의 상중에 아직 상기(喪期)가 끝나기 전에 어머니가 돌아가시면, 아버지의 상복을 벗을 때는 아버지의 상복을 입고 아버지 상의 대상(大祥)을 마친 뒤에 어머니의 상복을 입는다. 백숙부나 형제의 상중에 만일 부모의 상을 당했을 때에도 백숙부나 형제의 상복을 벗을 때는 백숙부나 형제의 상복을 입고 대상 제사를 끝낸 뒤에 부모의 상복으로 돌아간다. 만일 삼년상이 겹쳤을 때는, 뒤에 당한 상의 우제(虞祭)를 지내고 마질(麻絰)[69]로 바꿀 때 앞에 당한 상의 연제(練祭)[70]와 대상(大祥)을 모두 지낸다.

有父之喪 如未沒喪而母死 其除父之喪也 服其除服 卒事反喪服. 雖諸父昆弟之喪 如當父母之喪 其除諸父昆弟之喪也 皆服其除喪之服 卒事反喪服. 如三年之喪 則旣潁 其練祥皆行.

---

69) 마질 : 삼으로 만든 띠. 머리에 두르는 수질(首絰)과 허리에 두르는 요질(腰絰)이 있다.

70) 연제 : 상을 당하고 1년 만에 지내는 제사인 소상(小祥)을 말한다.

부모의 상에 장차 소상이나 대상의 제사를 지내려고 하는데 형제가 죽으면, 먼저 형제의 빈장(殯葬)을 끝내고 나서 소상이나 대상의 제사를 지낸다. 만일 같은 집에 산다면, 비록 가신(家臣)이나 첩이라 하더라도 그들의 장사가 끝난 뒤에 제사 지낸다.

父母之喪 將祭而昆弟死 旣殯而祭. 如同宮 則雖臣妾 葬而后祭.

자공이 부모의 상에 대해 물으니, 공자가 말했다. "공경하는 것이 최상이고, 슬퍼하는 것이 그다음이고, 자기 몸을 수척하게 만드는 것이 최하다. 얼굴빛은 정에 맞도록 하고, 슬픈 모습은 상복에 맞도록 해야 한다." 형제의 상에 대해 묻자, 공자가 말했다. "형제의 상은 서책(書册)에 있다. 군자는 다른 사람이 거상(居喪)하는 슬픈 정리(情理)를 빼앗지 않고, 또한 나의 슬픈 정리도 빼앗기지 않는 것이다."

子貢問喪. 子曰 敬爲上 哀次之 瘠爲下 顏色稱其情 戚容稱其服. 請問兄弟之喪. 子曰 兄弟之喪則存乎書策矣 君子不奪人之喪 亦不可奪喪也.

상중에 음식을 먹는 것이 비록 나쁘다고 해도 반드시 굶주림은 채워야 한다. 굶주려서 일을 폐하는 것은 예가 아니며, 배불러서 슬픔을 잊는 것 또한 예가 아니다. 쇠약해져서 보는 것이 밝지 못하고 듣는 것이 밝지 못하며, 행하는 것이 바르지 못하고 슬픔조차 잊게 되는 것을 군자는 근심한다. 그러므로 병이 있으면 술을 마시고 고기를 먹어도 된다. 쉰 살이 되면 복상(服喪) 때문에 몸을 심하게 해치게 하지 않고, 예순 살이 되면 몸을 해치지 않도록 하며, 일흔 살이 되면 술을 마시고 고기를 먹어도 된다. 모두 몸이 쇠약해져서 죽게 되는 것을 두려워하기 때문이다.

喪食雖惡 必充飢 飢而廢事 非禮也 飽而忘哀 亦非禮也. 視不明 聽不聰 行不正 不知哀 君子病之 故有疾飮酒食肉 五十不致毁 六十不毁 七十飮酒食肉 皆爲疑死.

공자가 말했다. "몸에 종기가 있으면 목욕을 해도 되고, 머리에 부스럼이 있으면 머리를 씻어도 되며, 몸에 병이 있으면 술을 마시고 고기를 먹어도 된다. 몸이 수척해져서 병이 되는 일을 군자는 하지 않으니, 몸이 수척해서 죽는 것을 군자는 자식 된 도리가 아니라고 한다."

孔子曰 身有瘍則浴 首有創則沐 病則飮酒食肉 毁瘠爲病 君子弗爲也 毁而死 君子謂之無子.

군자에게는 세 가지 근심이 있으니, 아직 듣지 못했을 때는 얻어 듣지 못할 것을 근심하고, 이미 들었으면 얻어 배우지 못할 것을 근심하며, 이미 배웠으면 능히 행하지 못할 것을 근심한다. 군자에게는 다섯 가지 부끄러워하는 것이 있으니, 지위에 있으면서 지위에 합당한 말을 하지 못하는 것을 군자는 부끄러워하고, 말을 하면서 이를 실행하지 못하는 것을 군자는 부끄러워하며, 지위를 이미 얻고서 또 이를 잃는 것을 군자는 부끄러워하고, 토지가 넓은데도 백성이 부족한 것을 군자는 부끄러워하며, 백성의 숫자가 비슷하면서도 상대방의 공이 나보다 배가 되는 것을 군자는 부끄러워한다.

君子有三患 未之聞 患弗得聞也 旣聞之 患弗得學也 旣學之 患弗能行也. 君子有五恥 居其位無其言 君子恥之 有其言無其行 君子恥之 旣得之而又失之 君子恥之 地有餘而民不足 君子恥之 衆寡均而倍焉 君子恥之.

22. 상대기(喪大記)

• 작품 해설

이 편에서는 임금과 그 이하의 사람이 처음 죽었을 때부터 소렴(小斂)과 대렴(大斂), 빈장(殯葬)에 이르기까지 상장의례(喪葬儀禮)에 관한 일을 기록하고 있다.

부모의 상에 상주는 의려(倚廬)[71]에 거처한다. 벽은 풀을 엮어 가리되 흙을 바르지 않으며 거적 위에서 흙덩이를 베고 잠자며, 상사에 관한 일이 아니면 말하지 않는다. 임금은 여(廬)를 지어서 이것을 궁(宮)으로 삼는다. 대부와 사는 이를 장막으로 가리지 않는다. 이미 장사 지내고 난 후에는 기둥을 세우고 추녀를 만들며, 여막의 벽에 흙을 바르되 드러나는 곳은 바르지 않는다. 임금과 대부, 사는 모두 이것을 집으로 삼는다. 대체로 맏이가 아닌 자는 장사 지내기 전부터 숨겨진 곳에 의려를 만든다.

---

71) 의려 : 중문 밖의 한구석에 세워, 부모 상중에 상주가 거처하는 여막.

父母之喪 居倚廬 不塗 寢苫 枕凷 非喪事不言 君爲廬宮之 大夫士禮之. 旣葬 柱楣 塗廬不於顯者 君大夫士皆宮之. 凡非適子者 自未葬 以於隱者爲廬.

이미 장사 지내고 남과 함께 있을 때에는 임금은 천자(天子) 나라의 일은 말해도 자기 나라의 일은 말하지 않으며, 대부와 사는 공사는 말해도 자기 집안일은 말하지 않는다. 임금이 이미 장사 지내고 천자의 정사가 자기 나라로 내려지면 졸곡(卒哭)[72]을 지낸 뒤에 천자 나라의 일에 복무한다. 대부와 사가 이미 장사 지내고 공정(公政)이 집에 내려지면 졸곡을 지낸 뒤에 흰 관과 환질(環絰)[73], 요대(腰帶)[74]를 두르고 전쟁에 관한 일이라도 피하지 않는다.
旣葬 與人立 君言王事 不言國事 大夫士言公事 不言家事. 君旣葬 王政入於國 旣卒哭而服王事. 大夫士旣葬 公政入

---

72) 졸곡 : 삼우제(三虞祭)를 지낸 뒤에 때 없이 하던 곡[無時哭]을 끝낸다는 의미로 지내는 제사. 사람이 죽은 지 석 달 째 되는 강일[剛日 : 십간(十干) 중 갑병무경임(甲丙戊庚壬)이 들어간 날]을 택하여 지내며, 이 이후에는 아침저녁에만 곡을 한다. 졸곡 이전의 상례는 흉례(凶禮)에 속하지만, 졸곡 이후의 상례 절차는 길례(吉禮)가 된다.

73) 환질 : 상복을 입을 때, 상제가 건 위에 덧씌우는 삼으로 꼰 테두리.

74) 요대 : 요질(腰絰). 상복을 입을 때 허리에 두르는 띠.

於家 旣卒哭 弁絰帶 金革之事無辟也.

1년이 지나 이미 연제(練祭)를 지냈으면 악실(堊室)[75]에 거처해 남과 함께 있지 않으며, 임금은 나라의 정치를 계획하고 대부나 사는 집안일을 계획한다. 2년이 지나 이미 대상을 지냈으면 악실 바닥을 검게 칠하고 벽을 하얗게 칠한다. 대상을 지내면 중문 밖에서 곡하지 않고 담제(禫祭)[76]를 지내면 중문 안에서 곡하지 않으니, 음악을 연주해도 되기 때문이다. 담제를 지내면 부인을 맞이해도 되고, 길제(吉祭)[77]를 지내면 침실로 돌아간다.

旣練 居堊室 不與人居 君謀國政 大夫士謀家事. 旣祥 黝堊 祥而外無哭者 禫而內無哭者 樂作矣故也. 禫而從御 吉祭而復寢.

---

75) 악실 : 흰 흙으로 만들어 상주가 거처하는 집.

76) 담제 : 대상(大祥)을 치르고 한 달 건너 하순의 정일(丁日)이나 해일(亥日)을 택하여 지내는 제사. 이때 담복(禫服)을 벗고 평상복으로 돌아간다.

77) 길제 : 죽은 이가 장손으로 사당(祠堂)이 있을 경우에, 사당의 신주(神主)를 고쳐 쓰는 제사.

23. 제법(祭法)

• 작품 해설

이 편에서는 천신(天神)과 지기(地祇), 인귀(人鬼) 등의 여러 신에게 제사 지내는 법에 대해서 기록하고 있다.

대체로 성왕이 제사를 제정함에 있어, 법을 백성에게 베풀어지게 한 자를 제사 지내도록 했고, 죽음을 무릅쓰고 일에 힘쓴 자를 제사 지내도록 했고, 노고를 아끼지 않고 나라를 안정시킨 자를 제사 지내도록 했고, 큰 재앙을 막은 자를 제사 지내도록 했고, 큰 환난을 막은 자를 제사 지내도록 했다.

夫聖王之制祭祀也 法施於民則祀之 以死勤事則祀之 以勞定國則祀之 能禦大菑則祀之 能捍大患則祀之.

대체로 해와 달과 여러 별들은 백성이 우러러보는 바이고, 산림이나 하천 · 계곡 · 구릉 등은 백성이 생활에 필요한 재용을 취하는 근원이므로, 이러한 종류가 아니면 제사를 기록하는 사전(祀典)에 실리지 못하는 것이다.

及夫日月星辰 民所瞻仰也 山林川谷丘陵 民所取財用也 非此族也 不在祀典.

24. 제의(祭義)

• 작품 해설

이 편에서는 주로 제사의 의의에 대해서 기록하고 있으며, 제사의 기본적인 마음가짐인 효도와 경로의 도리에 대해서 기록하고 있다.

제사는 자주 지내지 않는다. 자주 지내면 번거롭게 되고 번거로우면 공경하지 않게 된다. 제사는 너무 가끔 지내지 않는다. 너무 가끔 지내면 게으르게 되고 게으르게 되면 잊어버리게 된다. 그러므로 군자는 하늘의 도리에 합하여 봄에 체제(禘祭)[78]를 지내고, 가을에는 상제(嘗祭)[79]를 지낸다. 가을 제사 때에 이슬이나 서리가 내리면 군자가 이것을 밟고 반드시 슬픈 마음이 생기게 되는데,

78) 체제 : 제왕이 그 시조(始祖)를 하늘에 배향(配享)하는 제례.

79) 상제 : 제왕이 가을에 새로 난 채소 · 과일 · 곡식 등을 종묘(宗廟)에 올리기 위해 지내는 제례.

이는 추워서 그런 것이 아니다. 봄 제사 때에 비나 이슬이 내려 땅이 젖으면 군자는 이것을 밟고 반드시 섬뜩한 마음이 생기게 되는데, 마치 돌아가신 부모를 보는 것과 같기 때문이다. 봄에는 즐거움으로 선조의 혼이 오는 것을 맞이하며, 가을에는 슬픔으로 가는 것을 보낸다. 그러므로 체제에는 음악을 사용하고, 상제에는 음악을 사용하지 않는 것이다.

祭不欲數 數則煩 煩則不敬 祭不欲疏 疏則怠 怠則忘. 是故 君子合諸天道 春禘秋嘗. 霜露旣降 君子履之 必有悽愴之心 非其寒之謂也. 春雨露旣濡 君子履之 必有怵惕之心 如將見之. 樂以迎來 哀以送往 故禘有樂而嘗無樂.

내면으로 치재(致齊)[80]하고 외면으로 산재(散齊)[81]한다. 재계하는 날에는 제사 지내는 대상이 생전에 거처했음을 생각하고 그 웃음과 말씀을 생각하며 그 뜻했던 것을 생각하고 그 즐겼던 바를 생각하며 그 좋아했던 바를 생각한다. 이렇게 재계를 3일간 하게 되면 마치 그 재계한 대상을 보는 것과 같게 된다. 제사 지내는 날에 묘실(廟室)에

80) 치재 : 내면적인 마음을 재계하는 것.

81) 산재 : 외면적인 욕망이나 행위를 재계하는 것.

들어가면 어렴풋이 그 자리에 보이는 것처럼 느껴지고, 돌아서 문으로 나올 때는 숙연하게 그 음성이 들리는 것 같으며, 문을 나가서 들으면 개연히 그 탄식하는 소리가 들리는 것과 같게 된다.

致齊於內 散齊於外. 齊之日 思其居處 思其笑語 思其志意 思其所樂 思其所嗜. 齊三日 乃見其所爲齊者 祭之日 入室 僾然必有見乎其位 周還出戶 肅然必有聞乎其容聲 出戶而聽 愾然必有聞乎其嘆息之聲.

군자는 평생의 상이 있다고 하는데, 그것은 기일(忌日)을 말하는 것이다. 기일에 다른 일을 하지 않는 것은 그날이 상서롭지 못하기 때문이 아니라, 그날에는 뜻을 온전히 하여 감히 사사로운 일을 해서는 안 됨을 말한 것이다.

君子有終身之喪 忌日之謂也 忌日不用 非不祥也 言夫日 志有所至 而不敢盡其私也.

효자의 제사는 알 수가 있다. 서 있을 때는 공경하며 몸을 굽히고, 나아갈 때는 공경하며 화락하게 하고, 음식을 올릴 때는 공경하며 흠향하기를 바란다. 물러나 서 있을 때는 장차 명을 받으려는 것과 같고, 이미 제물을 거두고 물러나서도 공경하고 정숙한 빛을 얼굴에서 없애지 않는다. 이것이 효자의 제사다. 서 있을 때 몸을 굽히지 않음은 무례한 것이고, 앞으로 나아갈 때 얼굴빛을 화락하게 하지 않음은 조상을 소원(疏遠)하게 여기는 것이고, 음식을 올릴 때 흠향하기를 바라지 않음은 사랑하지 않는 것이고, 물러나 서 있을 때 명령을 받는 것처럼 하지 않음은 거만한 것이고, 이미 제물을 거두고 물러나서도 공경하고 정숙한 빛이 없음은 근본을 잊은 것이다. 이렇게 제사를 지내는 것은 잘못된 것이다.

孝子之祭可知也 其立之也敬以詘 其進之也敬以愉 其薦之也敬以欲 退而立 如將受命 已徹而退 敬齊之色不絶於面 孝子之祭也. 立而不詘 固也 進而不愉 疏也 薦而不欲 不愛也 退立而不如受命 敖也 已徹而退無敬齊之色 而忘本也 如是而祭 失之矣.

선왕(先王)이 천하를 다스린 까닭이 다섯 가지가 있다. 덕이 있는 이를 귀중히 여기고, 귀한 이를 귀중히 여기고, 노인을 귀중히 여기고, 어른을 공경하고, 어린이를 사랑하는 것이다. 이 다섯 가지가 선왕이 천하를 다스린 까닭이었다. 덕이 있는 이를 귀중히 여기는 것은 무엇 때문인가?

도리에 가깝기 때문이다. 귀한 이를 귀중히 여기는 것은 임금에 가깝기 때문이고, 노인을 귀중히 여기는 것은 부모에 가깝기 때문이며, 어른을 공경하는 것은 형에 가깝기 때문이고, 어린이를 사랑하는 것은 자식에 가깝기 때문이다. 그러므로 지극한 효도는 왕도(王道)에 가깝고, 지극한 공손함은 패도(覇道)에 가까운 것이다. 지극한 효도가 왕도에 가깝다는 것은 아무리 천자라도 부모가 있어서 부모에게 효도를 다하면 사람들의 모범이 되어 사람들이 따르게 된다는 것이며, 지극한 공손함이 패도에 가깝다는 것은 아무리 제후일지라도 형이 있어서 형을 공경해 아우의 도리를 다하면 다른 제후들이 따르게 된다는 것이다. 선왕의 가르침을 이어받아 이를 고치지 않고 행하면, 천하와 국가를 거느릴 수 있게 될 것이다.

先王之所以治天下者五. 貴有德 貴貴 貴老 敬長 慈幼. 此五者 先王之所以定天下也. 貴有德何爲也 爲其近於道也 貴貴 爲其近於君也 貴老 爲其近於親也 敬長 爲其近於兄也 慈幼 爲其近於子也. 是故至孝近乎王 至弟近乎覇. 至孝近乎王 雖天子必有父 至弟近乎覇 雖諸侯必有兄. 先王之敎 因而弗改 所以領天下國家也.

천하의 예는 시초를 되돌아봄을 이루는 것이고, 귀신을 공경함을 이루는 것이며, 백성의 화평과 재물의 넉넉함을 이루는 것이고, 의리를 존중함을 이루는 것이며, 사양하는 것을 이루는 것이다. 시초를 되돌아보면 근본이 두텁게 될 것이고, 귀신을 공경하면 윗사람을 존중할 것이며, 재물이 넉넉하면 백성의 기강이 확립될 것이고, 의리를 존중하면 위아래가 거역하지 않을 것이며, 사양하게 되면 다투는 일이 없어질 것이다. 이 다섯 가지를 합하여 천하의 예를 다스리면 비록 편협하고 간사한 백성이 있더라도 다스려지지 않는 것이 매우 적을 것이다.

天下之禮 致反始也 致鬼神也 致和用也 致義也 致讓也. 致反始以厚其本也 致鬼神以尊上也 致物用以立民紀也 致義則上下不悖逆矣 致讓以去爭也. 合此五者以治天下之禮也 雖有奇邪而不治者則微矣.

재아가 물었다. "제가 귀신이란 말은 들어보았지만, 무엇을 말하는지 모르겠습니다." 공자가 말했다. "기(氣)라는 것은 신(神)의 왕성함이고, 백(魄)이란 귀(鬼)의 왕성함이다. 귀와 신이 합해져야만 가르침이 지극해질 것이다. 중생은 반드시 죽으며 죽으면 반드시 흙으로 돌아가는데, 이

것을 귀라고 한다. 뼈와 육체는 땅속에 묻혀서 들의 흙이 되고, 기는 하늘로 떠 올라가서 밝은 빛이 되어 강한 향기로 사람들을 슬프게 만든다. 이것이 만물의 정령(精靈)이고, 신의 드러남이다. 사물의 정기(精氣)로 말미암아 제어하여 만들기를 극진히 하고, 귀신이라 이름 하여 이것을 사람들의 법칙으로 삼았다. 백성이 이 때문에 두려워하고 만민(萬民)이 복종한다."

宰我曰 吾聞鬼神之名 不知其所謂. 子曰 氣也者 神之盛也 魄也者 鬼之盛也 合鬼與神 教之至也. 衆生必死 死必歸土 此之謂鬼 骨肉斃于下 陰爲野土 其氣發揚于上 爲昭明 焄蒿悽愴 此百物之精也 神之著也. 因物之精 制爲之極 明命鬼神 以爲黔首則 百衆以畏 萬民以服.

25. 제통(祭統)

• 작품 해설

이 편에서는 주로 제사의 근본 의의에 대해서 기록하고 있다. 통(統)이란 근본이라는 뜻이다.

대체로 사람을 다스리는 방법은 예보다 절실한 것이 없다. 예에는 다섯 가지 종류가 있는데, 제례보다 중요한 것이 없다. 대체로 제례는 사물이 외면으로부터 형성되어 이르는 것이 아니라 내면으로부터 나와서 마음속에 생기는 것으로, 마음으로 느끼는 것을 의례로써 받드는 것이다. 그러므로 오직 어진 자라야 제사의 의의를 다할 수 있다.

凡治人之道 莫急於禮. 禮有五經 莫重於祭. 夫祭者 非物自外至者也 自中出生於心也 心怵而奉之以禮. 是故唯賢者 能盡祭之義.

어진 이의 제례에는 반드시 복을 받는데, 이는 세속에서 말하는 복이 아니다. 복이란 '갖춘다[備]'는 것으로, 갖춘다는 것은 만사가 순조로움을 말한다. 순조롭지 않음이 없는 것을 갖춘다고 하는 것은, 안으로 자신의 성의를 다하고 밖으로 도리에 순조로움을 말하는 것이다. 충신이 임금을 섬기고 효자가 부모를 섬기는 것의 근본은 하나다. 위로는 귀신에게 순종하고 밖으로는 임금에게 순종하며 안으로는 어버이에게 효도하는 것을 갖춘 것이라고 한다. 오직 어진 사람이라야 갖출 수가 있으며, 갖추게 된 연후에라야 제사 지낼 수가 있다. 그러므로 어진 사람의 제사에는 성신(誠信)과 충경(忠敬)을 다해 제물(祭物)을 받들어 예로써 인도하며, 음악으로 편하게 하고 때에 맞게 참여해 밝게 제물을 올릴 뿐이요 복을 구하지는 않으니, 이것이 효자의 마음이다.

賢者之祭也 必受其福 非世所謂福也. 福者備也 備者百順之名也 無所不順者之謂備 言內盡於己而外順於道也 忠臣以事其君 孝子以事其親 其本一也 上則順於鬼神 外則順於君長 內則以孝於親 如此之謂備. 唯賢者能備 能備然後能祭 是故賢者之祭也 致其誠信與其忠敬 奉之以物 道之以禮 安之以樂 參之以時 明薦之而已矣 不求其爲 此孝子

之心也.

제사는 살아계실 때 봉양하던 것을 좇아서 효도를 잇는 것이다. 효도란 기르는 것이니, 도리를 따르고 인륜을 거역하지 않는 것을 '기른다'고 말한다. 그러므로 효자가 어버이를 섬기는 데는 세 가지 길이 있다. 살아계실 때는 봉양하고, 돌아가시면 초상을 치르고, 초상을 마치면 제사 지내는 것이다. 봉양할 때는 그 순종하는 것을 살피고, 초상을 치를 때는 그 슬퍼하는 것을 살피고, 제사 지낼 때는 공경함과 때마다 생각하는가를 살핀다. 이 세 가지 도리를 다하는 것이 효자의 행동이다.

祭者 所以追養繼孝也 孝者畜也 順於道 不逆於倫 是之謂畜 是故孝子之事親也 有三道焉 生則養 沒則喪 喪畢則祭 養則觀其順也 喪則觀其哀也 祭則觀其敬而時也 盡此三道者 孝子之行也.

때가 되어 제사를 지내게 되면, 군자는 재계한다. 재계란 정제(整齊)함을 말하는 것이니, 정제되지 않은 것을 정제해 치재(致齊)하는 것이다. 그러므로 군자는 평상시에 큰 일이 있지 않고, 공경할 일이 있지 않으면 재계하지 않는다. 재계하지 않았을 때는 간사한 사물을 막지 못하고 즐기려는 욕심을 그치지 못한다. 그러나 장차 재계하게 되면, 간사한 사물을 막고 즐기려는 욕심을 그치고 귀로 음악을 듣지 않는다. 그러므로 전해오는 기록에 '재계할 때 음악을 연주하지 않는다'라고 한 것은, 감히 그 뜻을 산만하게 하지 않음을 말한 것이다. 이렇게 되면 마음이 구차하게 걱정하지 않아도 반드시 도리에 의거하며, 손발을 구차하게 움직이지 않아도 반드시 예에 의거하게 된다. 그러므로 군자가 재계하는 것은 그 순수하고 맑은 덕을 다해 제사 지내기 위한 것이다. 그러므로 7일간 산재(散齊)해 이를 안정시키고, 3일간 치재해 이를 정제하는 것이다. 안정시키는 것을 재계라고 하니, 재계란 지극히 순수하고 맑은 상태다. 그러한 연후에 비로소 신명(神明)과 교감할 수 있는 것이다.

及時將祭 君子乃齊 齊之爲言齊也 齊不齊以致齊者也 是以君子非有大事也 非有恭敬也 則不齊. 不齊則於物無防也 耆欲無止也 及其將齊也 防其邪物 訖其耆欲 耳不聽樂. 故記曰 齊者不樂 言不敢散其志也. 心不苟慮 必依於道 手足不苟動 必依於禮. 君子之齊也 專致其精明之德也 故散齊七日以定之 致齊三日以齊之. 定之之謂齊 齊者 精明之

至也 然後可以交於神明也.

대체로 제례에는 열 가지 의리가 있다. 귀신을 섬기는 일을 드러내고, 군신의 의리를 드러내고, 부자의 윤리를 드러내고, 귀천의 등급을 드러내고, 친소(親疎)의 차이를 드러내고, 작록(爵祿)과 포상의 시행을 드러내고, 부부의 분별을 드러내고, 정사의 균등함을 드러내고, 장유의 질서를 드러내고, 상하의 교제를 드러내는 것, 이것이 열 가지 의리다.

夫祭有十倫焉 見事鬼神之道焉 見君臣之義焉 見父子之倫焉 見貴賤之等焉 親疎之殺焉 見爵賞之施焉 見夫婦之別焉 見政事之均焉 見長幼之序焉 見上下之際焉 此之謂十倫.

26. 경해(經解)

• 작품 해설

이 편에서는 육경(六經)이 사람을 가르치는 도리임을 기록하고 있는데, 특히 예(禮)에 중점을 두고 있다.

공자가 말했다. "그 나라에 들어가면 그 가르치는 바를 알 수가 있다. 사람됨이 온유하고 돈후한 것은 시(詩)의 가르침이며, 정사에 통달하고 멀리 상고시대의 일을 아는 것은 서(書)의 가르침이며, 의리를 알아서 성품이 조화롭고 선량한 것은 악(樂)의 가르침이며, 심성이 맑고 의리가 정미한 것은 역(易)의 가르침이며, 공손하고 검소하며 장엄하고 신중한 것은 예(禮)의 가르침이며, 말을 분별하고 사물을 비교해 그 가치를 판단하는 것은 춘추(春秋)의 가르침이다. 그러므로 시의 뜻을 잃으면 어리석게 되고, 서의 뜻을 잃으면 남을 속이게 되고, 악의 뜻을 잃으면 사치스럽게 되고, 역의 뜻을 잃으면 법을 어기게 되고, 예의 뜻을 잃으면 번거롭게 되고, 춘추의 뜻을 잃으면 윗사람을 범해 혼란을 야기하게 된다. 사람됨이 온유하고 돈후하면서 어리석지 않으면 시에 깊은 자며, 정사에 통달하고 상고시대의 일을 알면서 남을 속이지 않는다면 서에 깊은 자며, 의리를 알아서 성품이 조화롭고 선량하면서 사치스럽지 않다면 악에 깊은 자며, 심성이 맑고 의리가 정미하면서 법도를 파괴하지 않는다면 역에 깊은 자며, 공손하고 검소하며 장엄하고 신중하면서 번거롭지 않다면 예에 깊은 자며, 말을 분별하고 사물을 비교해 그 가치를 판단할 줄 알면서 윗사람을 범하지 않는다면 춘추에 깊은 자다."

孔子曰 入其國 其教可知也. 其爲人也 溫柔敦厚詩教也 疏通知遠書教也 廣博易良樂教也 絜靜精微易教也 恭儉莊敬禮教也 屬辭比事春秋教也. 故詩之失愚 書之失誣 樂之失奢 易之失賊 禮之失煩 春秋之失亂. 其爲人也 溫柔敦厚而不愚則深於詩者也 疏通知遠而不誣則深於書者也 廣博易良而不奢則深於樂者也 絜靜精微而不賊則深於易者也 恭儉莊敬而不煩則深於禮者也 屬辭比事而不亂則深於春秋者也.

예가 나라를 바로잡는다는 것은, 저울로 경중을 판단하고 먹줄[82]로 굽은 것과 곧은 것을 판단하며 그림쇠[83]와 곱자[84]로 모난 것과 둥근 것을 판단하는 것과 같은 것이다. 그러므로 저울이 진실로 분명하다면 경중을 가지고 남을 속이지 못하고, 먹줄이 진실로 나란하다면 곡직(曲直)을 가지고 남을 속이지 못하며, 그림쇠와 곱자가 진실로 갖추어져 있다면 방원(方圓)을 가지고 남을 속이지 못하는 것처럼, 군자가 예에 밝으면 간사한 것으로 속이지 못하는 것이다. 그러므로 예를 존중하고 예에 맞게 행한다면 도가 있는 선비라 말하고, 예를 존중하지 않고 예를 따라 행하지 않으면 도가 없는 백성이라 말한다. 예란 겸양(謙讓)의 도리이므로 이로써 종묘를 받들면 곧 공경하게 되고, 이로써 조정에 들어가면 곧 귀천의 지위가 있게 되고, 이로써 집에 거처하게 되면 곧 부자의 친함과 형제의 화목이 있게 되고, 이로써 마을에 처하면 장유의 차례가 있게 되는 것이다. 공자가 말하기를, "임금을 편안하게 하고 백성을 다스리는 것으로 예보다 더 좋은 것이 없다"고 했으니, 바로 이것을 말한 것이다.

---

82) 먹줄 : 먹통에 딸린 실줄. 먹을 묻혀 곧게 줄을 치는 데 쓴다.

83) 그림쇠 : 원형(圓形)을 그리는 도구.

84) 곱자 : 방형(方形)을 그리는데 쓰는 자.

禮之於正國也 猶衡之於輕重也 繩墨之於曲直也 規矩之於方圜也. 故衡誠縣不可欺以輕重 繩墨誠陳不可欺以曲直 規矩誠設不可欺以方圜 君子審禮不可誣以姦詐 是故隆禮由禮謂之有方之士 不隆禮不由禮謂之無方之民. 敬讓之道也 故以奉宗廟則敬 以入朝廷則貴賤有位 以處室家則父子親兄弟和 以處鄉里則長幼有序. 孔子曰 安上治民莫善於禮 此之謂也.

그러므로 제후가 천자를 뵙는 조근(朝覲)의 예는 군신의 의리를 밝히고자 하는 것이고, 제후들끼리 방문하는 빙문(聘問)의 예는 제후들이 서로 존경하게 하고자 하는 것이며, 상제(喪祭)의 예는 신하와 아들이 선왕과 조상에게 은혜가 있음을 밝히고자 하는 것이고, 향음주례(鄕飮酒禮)[85]는 장유의 차례를 밝히고자 하는 것이며, 혼인의 예는 남녀의 분별을 밝히고자 하는 것이다. 대체로 예란 혼란을 막고자 하는 데서 생겨난 것이니, 방축에 물이 들어오는 것을 막는 것과 같은 것이다. 그러므로 옛날의 방축이 쓸데없는 것이라고 하여 무너뜨리는 자는 반드시 물의

85) 향음주례 : 향당주려(鄕黨州閭)에서 현자(賢者)를 초청해 베푸는 음주(飮酒)의 예.

피해를 입게 되고, 옛날의 예가 쓸데없는 것이라고 하여 버리는 자는 반드시 혼란과 근심이 있게 된다.

故朝覲之禮 所以明君臣之義也 聘問之禮 所以使諸侯相尊敬也 喪祭之禮 所以明臣子之恩也 鄕飮酒之禮 所以明長幼之序也 昏姻之禮 所以明男女之別也. 夫禮禁亂之所由生 猶坊止水之所自來也 故以舊坊爲無所用而壞之者 必有水敗 以舊禮爲無所用而去之者 必有亂患.

27. 애공문(哀公問)

• 작품 해설

이 편에서는 노(魯)나라 애공(哀公)과 공자(孔子) 사이의 예에 관한 문답을 기록하고 있다.

애공이 말했다. "무엇을 정치라고 합니까?" 공자가 말했다. "정치라는 것은 바르게 하는 것이니, 임금이 바르게 하면 백성은 정치에 따를 것입니다. 임금이 하는 바는 백성이 따르는 바가 되니, 임금이 하지 않는 바를 백성이 어떻게 따르겠습니까." 애공이 말했다. "정치를 어떻게 해야 합니까?" 공자가 대답했다. "부부의 분별과 부자의 친함, 군신의 엄함이라는 세 가지가 바르다면, 곧 만물이 이에 따를 것입니다." 애공이 말했다. "과인이 비록 부족하지만 이 세 가지 말을 행하는 도리를 들을 수 있겠는지요?" 공자가 대답했다. "옛날의 정치하는 것은 사람을 사랑하는 것을 크게 여겼고, 사람을 사랑하는 바를 다스리는 데는 예를 크게 여겼으며, 예를 다스리는 데는 공경함을 크게 여겼고, 공경이 지극함에는 혼인을 크게 여겼으니, 혼인은 공경의 지극한 것입니다. 혼인이 이미 지극해 면복(冕服)[86]으로 친히 맞이하는 것은 친애하기 때문입니다. 신랑이 친애하는 것은 신부가 친애하도록 하기 위한 것입니다. 그러므로 군자는 공경을 일으키고 친애하는 것입니다. 공경함을 버리는 것은 친애함을 버리는 것입니다. 사랑하지 않으면 친애하지 않게 되며 공경하지 않으면 바르지 못하게 되니, 사랑과 공경은 정치의 근본이 되는 것입니다."

公曰 敢問何謂爲政. 孔子對曰 政者正也 君爲正則百姓從政矣 君之所爲百姓之所從也 君所不爲 百姓何從. 公曰 敢問爲政如之何. 孔子對曰 夫婦別 父子親 君臣嚴 三者正則庶物從之矣. 公曰 寡人雖無似也 願聞所以行三言之道 可得聞乎. 孔子對曰 古之爲政 愛人爲大 所以治愛人 禮爲大 所以治禮 敬爲大 敬之至矣 大昏爲大 大昏至矣. 大昏旣至冕而親迎親之也 親之也者親之也 是故君子興敬爲親 舍敬是遺親也 弗愛不親 弗敬不正 愛與敬其政之本與.

---

86) 면복 : 임금의 정복(正服)인 면류관(冕旒冠)과 곤룡포(衮龍袍). 또는 귀인(貴人)의 예복(禮服)으로 쓰는 관과 의복을 이르는 말.

28. 중니연거(仲尼燕居)

• 작품 해설

이 편에서는 공자가 제자인 자장(子張), 자공(子貢), 자유(子游) 3인과 한가로운 시간에 예에 대해서 문답한 내용을 기록하고 있다.

공자가 말했다. "예란 무엇인가! 사물에 나아가 이를 다스리는 것이다. 군자가 일이 있으면 반드시 다스림이 있게 된다. 나라를 다스리는 데 예가 없는 것은, 비유컨대 마치 소경을 보살펴주는 이가 없는 것과 같아서 갈 곳이 없어 방황하고 있으니 어디로 가겠는가! 또 비유하자면 밤새도록 캄캄한 방 속에서 물건을 찾는 것과 같으니, 촛불이 없다면 무엇을 볼 수 있겠는가! 만약 예가 없다면 손발을 둘 곳이 없게 되고, 눈과 귀에 보태줄 것이 없게 되며, 나아가고 물러나는 것과 인사하고 사양함을 절제할 수 없게 된다."

子曰 禮者何也 卽事之治也 君子有其事 必有其治 治國而無禮 譬猶瞽之無相與 倀倀乎其何之 譬如終夜有求於幽室之中 非燭何見 若無禮則手足無所錯 耳目無所加 進退揖讓無所制.

공자가 말했다. "예(禮)는 이치고 악(樂)은 절도다. 군자는 이치가 없으면 움직이지 않고, 절도가 없으면 행하지 않는다. 시에 능하지 못하면 예에 어긋나게 되고, 악에 능하지 못하면 예가 질박(質朴)하게 되고, 덕에 박하면 예에 결함이 생기게 된다."
子曰 禮也者理也 樂也者節也 君子無理不動 無節不作 不能詩 於禮繆 不能樂 於禮素 薄於德 於禮虛.

공자가 말했다. "제도는 예에 있고 예절바른 행동도 예에 있으며, 이를 행함은 사람에게 달린 것이다."
子曰 制度在禮 文爲在禮 行之其在人乎.

29. 공자한거(孔子閒居)

• 작품 해설

이 편에서는 공자가 한가롭게 있으면서 자하(子夏)의 물음에 답한 내용을 기록하고 있다.

공자가 한가롭게 있을 때, 자하가 모시고 있었다. 자하가 말했다. "감히 묻사오니, 시에 이르기를 '화락하신 군자여! 백성의 부모로다'라고 했으니, 어떻게 하면 백성의 부모라고 할 수 있습니까?" 공자가 말했다. "대체로 백성의 부모란 반드시 예악의 근원에 통달해, 이로써 오지(五至)를 이루고 삼무(三無)를 행해 널리 천하에 펼치고, 사방에 재앙이 있을 때는 반드시 먼저 이를 알아야 한다. 이것을 백성의 부모라 하는 것이다." 자하가 말했다. "백성의 부모에 대해서는 이미 들었습니다만, 무엇을 오지라고 합니까?" 공자가 말했다. "뜻이 이르는 곳에 시(詩)도 또한 이르고, 시가 이르는 곳에 예(禮)도 또한 이르며, 예가 이르는 곳에 악(樂)도 또한 이르고, 악이 이르는 곳에 슬픔이 또한 이르게 된다. 이렇게 하여 슬픔과 즐거움이 서로 생기게 된다. 그러므로 눈을 바르게 하고 밝게 보아도 얻어 볼 수가 없으며, 귀를 기울여 들어도 얻어 들을 수가 없게 된다. 뜻과 기운이 천지 사이에 가득 차게 되니, 이것을 오지라 한다." 자하가 물었다. "오지에 대해서는 이미 들었습니다만, 무엇을 삼무라고 합니까?" 공자가 말했다. "소리 없는 음악[無聲之樂][87]과 형체 없는 예[無體之禮][88]와 복 없는 상[無服之喪][89]을 삼무라고 한다." 자하가 물었다. "삼무에 대해서는 이미 대략 들었습니다만, 어떤 시가 여기에 가깝습니까?" 공자가 말했다. "'아침저녁으로 천명을 좇아서 너그럽고 편안히 한다'는 시는 바로 소리 없는 음악을 노래한 것이고, '위의(威儀)가 성대해 법도가 있다'는 시는 바로 형체 없는 예를 노래한 것이며, '모든 백성이

---

87) 소리 없는 음악 : 임금이 선정(善政)을 베풀어 굳이 음악을 연주하지 않아도 백성의 마음이 자연히 화평해지는 것을 비유한 말.

88) 형체 없는 예 : 어진 사람의 성대한 위의(威儀)에 백성의 마음이 자연히 공경스럽게 되어, 행동으로 모범을 보여주지 않아도 자연히 나타나는 예절을 비유한 말.

89) 복 없는 상 : 상복(喪服)을 입어야 하는 가까운 친척이 아니더라도, 죽은 이에 대해 진심으로 슬퍼하여 상사(喪事)를 돕는 것을 비유한 말.

초상이 났을 때 달려가서 돕는다'는 시는 복 없는 상을 노래한 것이다."

孔子閒居 子夏侍. 子夏曰 敢問 詩云 凱弟君子 民之父母 何如斯可謂民之父母矣. 孔子曰 夫民之父母乎 必達於禮樂之原 以致五至而行三無 以橫於天下 四方有敗 必先知之 此之謂民之父母矣. 子夏曰 民之父母 旣得而聞之矣 敢問何謂五至. 孔子曰 志之所至 詩亦至焉 詩之所至 禮亦至焉 禮之所至 樂亦至焉 樂之所至 哀亦至焉 哀樂相生 是故正明目而視之 不可得而見也 傾耳而聽之 不可得而聞也 志氣塞乎天地 此之謂五至. 子夏曰 五至旣得而聞之矣 敢問何謂三無. 孔子曰 無聲之樂 無體之禮 無服之喪 此之謂三無. 子夏曰 三無旣得略而聞之矣 敢問何詩近之. 孔子曰 夙夜其命宥密 無聲之樂也 威儀逮逮不可選也 無體之禮也. 凡民有喪匍匐救之 無服之喪也.

30. 방기(坊記)

• 작품 해설

이 편에서는 선왕(先王)이 제도를 만들어 백성이 잘못된 곳으로 흐르지 않도록 방지한 일에 대해 기록하고 있다. '방(坊)'이란 '방(防)'과 같다.

공자가 말했다. "소인은 가난하면 구차해지고 부자가 되면 교만해진다. 구차하면 도둑질하게 되고 교만하면 어지러워진다. 예란 사람의 정에 기인해 절제하고 꾸며서 백성이 잘못됨을 막는 것이다. 그러므로 성인은 부귀를 제어해, 백성으로 하여금 부자가 되어도 교만하지 말고, 가난해도 지나치게 절약하는 데 이르지 말고, 귀하게 되어도 윗사람에게 불평하지 않도록 했다. 그러므로 어지러운 것이 더욱 없어지게 된다."

子云 小人貧斯約 富斯驕 約斯盜 驕斯亂. 禮者 因人之情而爲之節文 以爲民坊者也 故聖人之制富貴也 使民富不足

以驕 貧不至於約 貴不慊於上 故亂益亡.

공자가 말했다. "군자는 귀한 것은 사양하고 천한 것은 사양하지 않는다. 부는 사양하고 가난한 것은 사양하지 않는다. 그렇게 하면 어지러운 것이 더욱 없어질 것이다. 그러므로 군자는 식록(食祿)이 남보다 많은 것보다는 차라리 남이 내 식록보다 많은 것을 바라는 것이다."

子云 君子辭貴不辭賤 辭富不辭貧 則亂益亡 故君子 與其使食浮於人也 寧使人浮於食.

공자가 말했다. "군자는 남을 귀하게 여기고 자신을 천하게 여기며, 남을 먼저 하고 자신을 뒤로 한다. 그렇게 하면 백성이 양보하는 마음을 일으키게 될 것이다. 그러므로 남의 임금은 임금이라고 일컫고, 자신의 임금은 과군(寡君)[90]이라고 일컫는다."

子云 君子貴人而賤己 先人而後己 則民作讓 故稱人之君曰君 自稱其君曰寡君.

---

90) 과군 : 과덕지군(寡德之君)의 준말로, 자신의 임금을 남에게 낮춰 부르는 말.

공자가 말했다. "착한 일은 남을 일컫고 허물이 있으면 자기를 일컫는다. 그렇게 하면 백성이 다투지 않을 것이다. 착한 일은 남을 일컫고 허물이 있으면 자기를 일컫는다. 그렇게 하면 원망이 더욱 없어질 것이다."

子云 善則稱人 過則稱己 則民不爭. 善則稱人 過則稱己 則怨益亡.

31. 중용(中庸)

• 작품 해설

이 편은 사서(四書)의 하나로 독립되어 있으므로, 여기에서는 번역하지 않았다.

32. 표기(表記)

• 작품 해설

이 편에서는 공자가 인(仁)에 대해서 말한 것을 자세하게 기록하고 있다. 구체적인 내용은 경(敬)에 대한 의리, 의(義), 군자(君子), 임금을 섬기는 도리, 언행(言行)의 요점, 복서(卜筮)의 소중함 등으로 나누어볼 수 있다.

공자가 말했다. "군자는 남에게 바른 동작을 잃지 않고, 남에게 안색을 잃지 않고, 남에게 말을 실수하지 않는다. 그러므로 군자의 용모는 두렵고, 안색은 조심스럽고, 말은 믿음이 있는 것이다."

子曰 君子不失足於人 不失色於人 不失口於人 是故君子貌足畏也 色足憚也 言足信也.

공자가 말했다. "공손함은 예에 가깝고, 검약(儉約)은 인에 가깝고, 믿음은 정에 가깝다. 공경과 사양으로 이것을 행하게 되면, 비록 잘못이 있더라도 잘못이 심하지 않게 된다. 대체로 공손하면 잘못이 적어지고, 정이 있으면 믿을 수 있고, 검소하면 용납하기가 쉬운 것이다. 이렇게 하고서도 잘못이 있는 자는 또한 드물지 않겠는가!"

子曰 恭近禮 儉近仁 信近情 敬讓以行此 雖有過其不甚矣. 夫恭寡過 情可信 儉易容也 以此失之者 不亦鮮乎.

공자가 말했다. "인을 이루기 어렵게 된 지가 오래되었으니, 오직 군자라야 이것을 할 수 있다. 그러므로 군자는 자기가 능한 바를 가지고 남을 병들게 하지 않으며, 남이 능하지 못한 바를 가지고 그 사람을 부끄럽게 하지 않는다. 그러므로 성인이 행동을 제어하는 데는 자기로써 하지 않고, 백성으로 하여금 권면해 부끄러운 바가 있게 하여 그 말을 행하게 한다. 예로써 절제하고 믿음으로써 맺고 용모로써 문식(文飾)하고 의복으로써 맞추고 붕우로써 지극하게 하여, 백성이 한결같도록 하려는 것이다."

子曰 仁之難成久矣 惟君子能之 是故君子不以其所能者病人 不以人之所不能者愧人 是故聖人之制行也 不制以己 使民有所勸勉愧恥 以行其言. 禮以節之 信以結之 容貌以文之 衣服以移之 朋友以極之 欲民之有壹也.

33. 치의(緇衣)

• 작품 해설

이 편에서는 임금이 백성을 교화시키는 일과 신하가 임금을 섬기는 일, 입신행기(立身行己)의 도리 등에 대해서 기록하고 있다.

공자가 말했다. "대체로 백성을 덕으로써 가르치고 예로써 가지런히 하면, 백성이 임금을 사모하는 마음이 생기게 된다. 정치로써 가르치고 형벌로써 가지런히 하면, 백성이 도망갈 마음을 갖는다. 그러므로 임금이 된 자가 백성을 자식과 같이 사랑하면 백성이 친해지고, 믿음을 가지고 맺으면 백성이 배반하지 않고, 공손한 마음으로 임하면 백성이 순종하는 마음을 갖게 된다."

子曰 夫民敎之以德 齊之以禮 則民有格心 敎之以政 齊之以刑 則民有遯心. 故君民者 子以愛之則民親之 信以結之則民不倍 恭以涖之則民有孫心.

공자가 말했다. "윗사람이 인을 좋아하면 아랫사람이 인을 행하는 것을 남보다 먼저 하려고 다투게 된다. 그러므로 백성의 어른이 된 자가 뜻을 밝히고 가르침을 곧게 하고 인을 높여서 백성을 자식처럼 사랑하면, 백성은 자신의 행동을 이룸으로써 그 윗사람을 기쁘게 한다. 시에 말하기를 '덕행을 깨달으면 모든 나라가 이에 순종한다'고 했다."

子曰 上好仁 則下之爲仁 爭先人 故長民者 章志貞敎尊仁 以子愛百姓 民致行己 以說其上矣. 詩云 有梏德行 四國順之.

공자가 말했다. "정치가 올바로 행해지지 않고 가르침이 올바로 이루어지지 않을 때는, 벼슬을 권할 만한 것이 못 되고 형벌도 부끄러울 것이 못 된다. 그러므로 윗사람은 형벌을 더럽히고 벼슬을 가볍게 여겨서는 안 된다."

子曰 政之不行也 教之不成也 爵祿不足勸也 刑罰不足恥也 故上不可以褻刑而輕爵.

공자가 말했다. "말을 좇아서 행할 때는 그 말을 꾸미지 말아야 하고, 행동을 좇아서 말할 때는 그 행동을 꾸미지 말아야 한다. 그러므로 군자가 말을 적게 하여 행동함으로써 그 믿음을 이루게 되면, 백성이 아름다움을 과장하거나 악한 것을 축소시키지 않게 된다."

子曰 言從而行之 則言不可飾也 行從而言之 則行不可飾也 故君子寡言而行 以成其信 則民不得大其美 而小其惡.

34. 분상(奔喪)

• 작품 해설

이 편에서는 타 지역에 거주하다가 상(喪)을 당해 급히 집으로 돌아가는 예법에 대해서 기록하고 있다.

분상(奔喪)[91]의 예는, 처음 부모상을 전해 들으면 곡을 하는 것으로 사자(使者)에게 답한다. 그리고 슬픔이 다하면 돌아가신 까닭을 묻는다. 또다시 슬픔을 다할 때까지 곡을 하고서 마침내 길을 떠난다. 하루에 백 리를 가며 밤이 되면 가지 않는다. 오로지 부모의 상을 당했을 때는 새벽별을 보고 길을 떠나고 저녁별을 보고 관사에 든다. 만일 바로 떠날 수 없는 경우에는 상복을 갖추어 입고 있다가 뒤에 떠난다. 부임했던 나라를 지나 본국의 국경에 이르렀을 때는 곡을 하고 슬픔이 다하면 멈춘다. 곡을 할 때는

91) 분상 : 외지(外地)에 있을 때 부모나 친족의 부음(訃音)을 듣고 달려가는 것.

시장이나 조회(朝會)하는 장소는 피하고, 자기 나라의 경계를 바라보면서 곡을 한다.

奔喪之禮 始聞親喪 以哭答使者 盡哀問故 又哭盡哀 遂行 日行百里 不以夜行. 唯父母之喪 見星而行 見星而舍. 若未得行 則成服而后行 過國至竟 哭盡哀而止 哭辟市朝 望其國竟哭.

상을 듣고도 상사(喪事)에 달려가지 못할 경우에는, 곡을 하고 슬픔을 다한 뒤에 돌아가신 까닭을 묻고, 또다시 곡하여 슬픔을 다한다. 이에 바로 자리를 만들어 머리를 묶어 매고 웃옷의 한쪽을 벗어 걸치고 죽음을 슬퍼하며 발을 구른다. 복을 덧입고 질(絰)[92]을 두르며, 효대(絞帶)[93]를 하고 자리로 나아간다. 문상객에게 절하고 다시 제자리로 돌아와 발을 구르며, 손님이 나가면 주인은 문밖까지 나와 배웅한다. 다시 제자리로 돌아와 만일 뒤늦게 온 손님이 있으면 이를 절해 맞이하고 발을 구르며, 손님을 보낼 때는 처음처럼 한다.

---

92) 질 : 상복을 입을 때, 머리에 쓰는 수질(首絰)과 허리에 감는 요질(腰絰).

93) 효대 : 상복에 매는 삼베 띠.

聞喪不得奔喪 哭盡哀問故 又哭盡哀 乃爲位 括髮袒成踊. 襲絰絞帶卽位 拜賓反位成踊. 賓出 主人拜送于門外 反位 若有賓後至者 拜之成踊 送賓如初.

35. 문상(問喪)

• 작품 해설

이 편에서는 거상(居喪)의 예에 대해서 기록하고 있다. 전반부에서는 애통한 정황에 대해, 그리고 후반부에서는 상례의 의의에 대해서 주로 기록했다.

어버이가 처음 돌아가시면, 비녀와 머리싸개만 남기고 관을 벗고 양말을 벗으며, 옷자락을 허리에 끼고 손을 엇갈리게 가슴에 붙이고 곡을 한다. 가엾고 슬픈 마음과 아프고 병든 생각으로 신장이 상하고 간이 마르며 폐를 태운다. 물과 장(漿)이 입에 들어가지 못하고 사흘 동안 밥을 짓지 못한다. 그래서 이웃과 마을에서 미음과 죽을 끓여 마시게 하면 이를 먹는다. 서럽고 애통함이 마음에 있으므로 모양이 변해 밖으로 나타나며, 아프고 병듦이 마음에 있으므로 입은 단맛을 모르고 몸은 안락하지 못하다.
親始死 雞斯徒跣 扱上衽 交手哭 惻怛之心 痛疾之意 復腎

乾肝焦肺 水漿不入口 三日不擧火 故鄰里爲之糜粥 以飮食之. 夫悲哀在中 故形變於外也 痛疾在心 故口不甘味 身不安美也.

3일이 지나 염(殮)을 하는 것은 이로써 살아나기를 기다리는 것이고, 3일이 되어도 살아나지 않으면 역시 살아나지 못하는 것이다. 효자의 마음은 역시 더욱더 쇠약해지며, 집안 사정에 맞는 장례 비용과 의복을 갖추는 일을 이루고, 친척 중에서 멀리 있는 자도 또한 오게 된다. 그러므로 성인(聖人)이 결단하기를, 3일로써 예의 제도로 삼은 것이다.

三日而后斂者 以俟其生也 三日而不生 亦不生矣. 孝子之心 亦益衰矣 家室之計 衣服之具 亦可以成矣 親戚之遠者 亦可以至矣 是故聖人爲之斷決 以三日爲之禮制也.

36. 복문(服問)

• 작품 해설

이 편에서는 상복(喪服)의 의의에 대해서 기록하고 있다.

전(傳)에 말했다. 상례에 가벼운 것을 따르면서 무겁게 복을 입는 경우가 있으니, 공자(公子)[94]의 처가 시어머니를 위해 입는 상복이다. 무거운 것을 따르면서 가볍게 복을 입는 경우가 있으니, 공자가 처의 부모를 위해 입는 상복이다. 상복을 입지 않는 것을 따르면서 상복을 입는 경우가 있으니, 공자의 처가 공자의 외형제를 위해 입는 상복이다. 상복이 있음을 따르면서 상복을 입지 않는 경우가 있으니, 공자가 그 처의 부모를 위해 입는 것이다.

傳曰 有從輕而重 公子之妻爲其皇姑. 有從重而輕 爲妻之父母. 有從無服而有服 公子之妻爲公子之外兄弟. 有從有服而無服 公子爲其妻之父母.

---

94) 공자 : 제후의 첩자(妾子).

전에 말했다. 군자는 남의 상복을 대신 입는 일이 없으며, 또한 자신의 상복을 남이 입게 해서도 안 된다.

傳曰 君子不奪人之喪 亦不可奪喪也.

전에 말했다. 죄목(罪目)이 많다고 하더라도 형벌은 다섯 가지고, 상례가 많다고 하더라도 상복은 다섯 가지다. 무거우면 위에 붙이고 가벼우면 아래에 붙여서, 그 등렬(等列)을 따르는 것이다.

傳曰 辠多而刑五 喪多而服五. 上附下附 列也.

37. 간전(間傳)

• 작품 해설

이 편에서는 상복의 경중(輕重) 사이에 낀 슬픔의 발로에 대해서 기록하고 있다.

참최(斬衰)[95]에는 어찌하여 열매가 여는 삼으로 지은 상복을 입는가? 삼은 모양이 나쁘기 때문이다. 안에서 일어나는 슬픔을 표면으로 나타내 보이게 하려는 까닭이다. 참최의 모양은 삼과 같고, 자최(齊衰)의 모양은 모시풀과 같으며, 대공(大功)[96]의 모양은 감정이 정지된 것과 같고, 소공(小功)[97]과 시마(緦麻)[98]는 용모가 평상시와 같아도

95) 참최 : 오복(五服)의 하나. 가장 굵은 생베로 짓되 아랫단을 꿰매지 않고 그대로 두는 상복이다. 주로 아버지상에 입는 3년 상복이다.

96) 대공 : 오복(五服)의 하나. 성근 삼베로 지은 상복으로, 주로 죽은 이의 4촌 형제자매가 입는 9개월 상복이다.

97) 소공 : 오복(五服)의 하나. 약간 가는 삼베로 지은 상복으로, 주로

된다. 이는 슬픔의 감정이 용모와 몸에 나타나는 것이다.
斬衰何以服苴 苴惡貌也 所以首其內而見諸外也 斬衰貌若苴 齊衰貌若枲 大功貌若止 小功緦麻容貌可也 此哀之發於容體者也.

참최의 곡은 기절했다가 다시 깨어나지 못하는 것처럼 하고, 자최의 곡은 기절했다가 깨어나는 것처럼 하며, 대공의 상은 한 번 소리를 내어 세 번 꺾어서 여운이 있는 것처럼 하고, 소공과 시마에는 슬픔을 나타내면 된다. 이는 슬픔의 발로가 음성에 나타나는 것이다.
斬衰之哭 若往而不反 齊衰之哭 若往而反 大功之喪 三曲而偯 小功緦麻 哀容可也 此哀之發於聲音者也.

참최에는 오로지 응(應)하기만 할 뿐 대답하는 말을 하지 않으며, 자최에는 대답은 하되 다른 말은 하지 않는다. 대

죽은 이의 종손자(從孫子), 6촌 형제자매, 5촌 종질(從姪) 등이 입는 5개월 상복이다.

98) 시마 : 오복(五服)의 하나. 고운 삼베로 지은 상복으로, 주로 죽은 이의 사위, 8촌 형제자매, 재당질(再堂姪), 이종(姨從), 내 · 외종(內 · 外從) 등이 입는 3개월 상복이다.

공에는 말은 하지만 이것저것 다른 이야기는 하지 않으며, 소공과 시마에는 다른 일을 이야기하지만 즐기는 데에는 이르지 않는다. 이는 슬픔의 발로가 언어에 나타나는 것이다.

斬衰唯而不對 齊衰對而不言 大功言而不議 小功緦麻議而不及樂 此哀之發於言語者也.

38. 삼년문(三年問)

• 작품 해설

이 편에서는 상복을 입는 기간의 의미에 대해서 기록하고 있다.

삼년의 상이란 무엇인가! 말하기를, 정에 맞도록 예문(禮文)을 만들어, 이로써 무리들을 장식해 친소와 귀천의 절차를 분별하려는 것이니, 더하고 덜 것이 없다. 그러므로 바꿀 수 없는 도리라고 말한다. 상처가 큰 자는 그날이 오래가고, 아픔이 심한 자는 낫는 것이 더디다. 3년이란 정에 맞도록 예문을 만든 것으로, 지극히 애통함이 심한 것이다. 참최에는 저장(苴杖)[99]을 짚고 의려(倚廬)에 거처하며 죽을 먹고 거적에서 자며 흙덩이를 벤다. 이는 지극히 애통함을 장식하기 위한 것이다. 3년의 상이 25개월로 끝나게 되더라도 애통함이 다하지 않고 사모하는 마음을

99) 저장 : 상중에 상제(喪制)가 짚는 검은색의 대지팡이.

잊을 수는 없다. 그럼에도 복(服)을 이것으로 마치는 것은, 어찌 죽은 이를 보내는 일에 끝이 있고 생시(生時)로 돌아오는 일에 절도가 있는 것이 아니겠는가!

三年之喪何也. 曰 稱情而立文 因以飾羣 別親疏貴賤之節 而弗可損益也 故曰無易之道也. 創鉅者其日久 痛甚者其愈遲 三年者 稱情而立文 所以爲至痛極也 斬衰苴杖 居倚廬 食粥寢苫枕塊 所以爲至痛飾也. 三年之喪 二十五月而畢 哀痛未盡 思慕未忘 然而服以是斷之者 豈不送死有已復生有節也哉.

39. 심의(深衣)

• 작품 해설

이 편에서는 심의 제도(深衣制度)에 대해서 기록하고 있다. 심의란 상의와 하의가 서로 연결된 옷으로 제후 · 대부 · 사가 저녁에 입는 옷이다. 몸이 깊숙이 감추어지게 만들었기 때문에 심의라고 한다.

옛날에 심의는 대체로 제도가 정해져 있어서 규(規)[100] · 구(矩)[101] · 승(繩)[102] · 권(權)[103] · 형(衡)[104]에 응했다. 짧아도 살이 보이지 않게 하고, 길어도 땅에 닿지 않게 했다. 옷깃을 이어서 가장자리를 꿰매고, 허리는 아래옷 넓

100) 규 : 그림쇠.

101) 구 : 곱자.

102) 승 : 먹줄.

103) 권 : 저울추.

104) 형 : 저울.

이의 반으로 꿰맨다.
古者深衣 蓋有制度 以應規矩繩權衡 短毋見膚 長毋被土 續衽鉤邊 要縫半下.

겨드랑이 솔기의 높고 얕은 것은 팔꿈치를 움직일 만큼 하고, 소매의 길고 짧은 것은 소매를 돌려 구부렸을 때 팔꿈치에 닿도록 한다. 띠는 아래로 배꼽을 덮지 않게 하고 위로는 겨드랑이를 감추지 않게 하며, 뼈가 없는 데 닿도록 한다.
袼之高下 可以運肘 袂之長短 反詘之及肘 帶下毋厭髀 上毋厭脅 當無骨者.

열두 폭으로 만들어 12개월에 응하게 했다. 소매는 둥글게 해서 둥근 그림쇠에 응했고, 굽은 깃은 자처럼 해서 모난 것에 응했다. 등판은 복사뼈까지 미치게 해서 곧은 것에 응했고, 아랫단의 바느질은 권형(權衡)과 같이 해서 평평한 것에 응했다. 그러므로 그림쇠처럼 한 것은 다닐 때 손을 들어 몸가짐을 나타내도록 하고, 등판을 곧게 하여 모난 것을 껴안은 것은 정치를 곧게 하고 의리를 바르게 하라는 의미다.

制十有二幅　以應十有二月　袂圜以應規　曲袷如矩以應方 負繩及踝以應直　下齊如權衡以應平. 故規者　行擧手以爲容 負繩抱方者 以直其政 方其義也.

40. 투호(投壺)

• 작품 해설

이 편에서는 대부나 사가 빈객과 함께 잔치를 벌일 때 손님을 즐겁게 해주던 투호(投壺)의 예에 대해서 기록하고 있다.

투호의 예는 주인이 화살을 받들고, 투호의 예를 맡은 사사(司射)가 산가지를 담은 그릇을 받들고 사람을 시켜서 병을 잡게 한다. 그리고 주인이 청해 말한다. "제게 못난 화살과 비뚤어진 병이 있는데, 청컨대 이로써 손님을 즐겁게 해드릴까 합니다." 객이 말한다. "그대에게 맛있는 술과 좋은 안주가 있어서 내가 이미 받았는데, 또 거듭 즐거움을 주신다니 감히 사양하겠습니다." 주인이 다시 말한다. "못난 화살과 비뚤어진 병이니 족히 사양할 것이 못 됩니다. 감히 굳이 청합니다." 객이 말한다. "내가 이미 받았는데, 또 거듭 즐거움을 주신다니 감히 고사(固辭)[105]하겠

105) 고사 : 굳이 사양함 또는 거듭 사양함. 전통 예법에서는 세 번 사양

습니다." 주인이 다시 말한다. "못난 화살과 비뚤어진 병이니 족히 사양할 것이 못 됩니다. 감히 굳이 청합니다." 객이 다시 말한다. "내가 굳이 사양해도 승낙을 얻지 못하니 감히 공손히 따르지 않겠습니까."

投壺之禮 主人奉矢 司射奉中 使人執壺. 主人請曰 某有枉矢哨壺 請以樂賓. 賓曰 子有旨酒嘉肴 某既賜矣 又重以樂 敢辭. 主人曰 枉矢哨壺 不足辭也 敢固以請. 賓曰 某既賜矣 又重以樂 敢固辭. 主人曰 枉矢哨壺 不足辭也 敢固以請. 賓曰 某固辭不得命 敢不敬從.

해야 한다고 하는데, 첫 번째 사양하는 것은 예의로 사양한다는 의미로 '예사(禮辭)'라 하고, 두 번째 사양하는 것은 '고사', 세 번째 사양하는 것은 마지막으로 사양한다는 의미에서 '종사(終辭)'라고 한다.

41. 유행(儒行)

• 작품 해설

이 편에서는 공자가 노(魯)나라의 애공(哀公)을 위해 유자(儒者)의 행실을 열거한 것을 기록하고 있다. 그 내용은 주로 사람의 떳떳한 기개를 나타낼 것과 심후(深厚)한 풍모를 마음에 포용해야 한다는 것이다.

선비는 의관(衣冠)이 바르고 동작은 신중하며, 크게 양보할 때는 진심으로 하여 거만한 것처럼 하고 작게 양보할 때는 의례적으로 하여 거짓인 것처럼 한다. 크면 곧 위엄이 있는 것 같고 작으면 부끄러워하는 것 같으며, 나아감은 어렵고 물러남은 쉽게 하는 것이 유약해 마치 무능한 것처럼 보이니, 그 용모가 이와 같음이 있다.

儒有衣冠中 動作愼 其大讓如慢 小讓如僞 大則如威 小則如愧 其難進而易退也 粥粥若無能也 其容貌有如此者.

선비는 거처가 가지런하면서도 어려워 보이고, 앉거나 일어날 때에는 공경스럽고, 말에는 반드시 신의가 앞서며 행동은 반드시 바름에 맞는다. 길을 갈 때는 험하고 쉬운 길의 이점을 따지지 않으며, 겨울과 여름에 춥고 더운 것을 따지지 않으며, 죽음을 꺼려하지 않고 기다림이 있으며 그 몸을 배양해 일삼을 것이 있으니, 그 예비함이 이와 같음이 있다.

儒有居處齊難 其坐起恭敬 言必先信 行必中正. 道塗不爭險易之利 冬夏不爭陰陽之和 愛其死以有待也 養其身以有爲也 其備豫有如此者.

선비는 충실과 믿음으로써 갑옷과 투구를 삼고 예의로써 방패를 삼으며, 인을 싣고 다니며 의를 품고 대한다. 그러므로 비록 폭정(暴政)이 있더라도 그 대하는 바를 고칠 수 없으니, 그 스스로 확립됨이 이와 같음이 있다.

儒有忠信以爲甲冑 禮義以爲干櫓 載仁而行 抱義而處 雖有暴政 不更其所 其自立有如此者.

선비는 지금 사람과 더불어 살면서 옛 사람을 상고(上考)하고, 금세(今世)에 이를 행하여 후세(後世)의 본보기로 삼는다. 단지 세상을 만나지 못해 위에서 불러주지 않고 아래에서도 밀어주지 않으며, 참소(讒訴)하는 백성이 서로 어울려 작당을 하고 위해(危害)를 주려는 자들이 있어서 몸이 위태롭게 될지라도, 그 뜻은 빼앗을 수가 없다. 비록 기거동작이 위태롭더라도 마침내는 그 뜻을 믿고 오히려 백성의 근심을 잊지 않으려고 하니, 그 근심하고 생각함이 이와 같음이 있다.

儒有今人與居 古人與稽 今世行之 後世以爲楷. 適弗逢世上 弗援下弗推 讒諂之民 有比黨而危之者 身可危也 而志不可奪也. 雖危起居 竟信其志 猶將不忘百姓之病也 其憂思有如此者.

42. 대학(大學)

• 작품 해설

이 편은 〈중용〉과 함께 사서(四書)의 하나로 독립되어 있으므로 번역하지 않았다.

43. 관의(冠義)

• 작품 해설

이 편에서는 관례의 의의에 대해서 기록하고 있다.

무릇 사람이 사람다운 까닭은 예의에 있다. 예의의 시작은 용모를 단정하게 하고 얼굴빛을 온후하게 지니며 말을 순하게 하는 데 있다. 용모를 단정하게 하고 얼굴빛을 온후하게 지니며 말을 순하게 한 연후에 예의가 갖추어지고, 이로써 임금과 신하의 사이가 바르게 되고 부자간에 친밀함이 있게 되고 어른과 아이 사이에 화목함이 있게 된다. 임금과 신하의 사이가 바르게 되고 부자간에 친밀함이 있게 되고 어른과 아이 사이에 화목함이 있게 된 연후에 예의가 바로 서게 된다. 그러므로 관례를 하고 나서 옷이 바르게 갖추어지고, 옷을 바르게 차린 후에 용모가 단정하게 되고 얼굴빛은 온후하게 되며 말이 순하게 되기 때문에, 관례가 예의 시작이라고 말하는 것이다. 이러한 까닭에

옛날의 성왕(聖王)이 관례를 매우 중요하게 여겼다.

凡人之所以爲人者 禮義也 禮義之始 在於正容體 齊顔色 順辭令. 容體正 顔色齊 辭令順 而后禮義備 以正君臣 親父子 和長幼. 君臣正 父子親 長幼和 而后禮義立. 故冠而后服備 服備而后容體正 顔色齊 辭令順. 故曰 冠者 禮之始也. 是故古者 聖王重冠.

성인(成人)이 된 자는 장차 성인의 예를 지킬 것을 책임지게 된다. 성인의 예를 책임 지우는 것은, 장차 사람의 자식으로서 사람의 아우로서 사람의 신하로서 사람의 젊은이로서 지켜야 할 예를 행하기를 책임 지우는 것이다. 사람으로서 이 네 가지 도리를 행하도록 책임 지우는 것이니, 그 예가 중요하지 않겠는가! 그러므로 효제충순(孝悌忠順)의 행실이 확립된 후에라야 사람다울 수 있고, 사람다운 연후에야 다른 사람을 다스릴 수가 있다. 그러므로 성왕이 예를 중시했다. 그러므로 관례가 예의 시작이며, 좋은 일의 중요한 것이라고 말하는 것이다.

成人之者 將責成人禮焉也. 責成人禮焉者 將責爲人子爲人弟爲人臣爲人少者之禮行焉. 將責四者之行於人 其禮可不重與. 故孝弟忠順之行立而后可以爲人 可以爲人而后可

以治人也 故聖王重禮. 故曰 冠者 禮之始也 嘉事之重者也.

44. 혼의(婚義)

• 작품 해설

이 편에서는 혼례(婚禮)의 의의에 대해서 주로 기록하고 있다.

혼례란 장차 두 성(姓)이 좋게 합하여, 위로는 종묘(宗廟)를 섬기고 아래로는 후세를 잇는 것이다. 그러므로 군자는 이를 중시했다. 이 때문에 혼례에는 납채(納采)[106] · 문명(問名)[107] · 납길(納吉)[108] · 납징(納徵)[109] · 청기(請期)[110]의 절차를 행함에, 모두 주인이 사당에서 궤연

106) 납채 : 전통 혼례에서 신랑 집에서 신부 집으로 혼인을 청하는 절차.

107) 문명 : 전통 혼례에서 신부의 신부 부모의 이름을 묻는 절차.

108) 납길 : 전통 혼례에서 혼인의 모든 조건이 길함을 통지하는 절차.

109) 납징 : 전통 혼례에서 혼인의 증거로 신랑 집에서 신부 집에 예물을 보내는 절차.

110) 청기 : 전통 혼례에서 신랑 집에서 신부 집에 혼인의 날짜를 청하는 절차.

(几筵)[111]을 베풀고 문밖에서부터 절해 맞이하면, 읍하고 사양하며 들어와 당에 오르고 사당에서 명(命)을 듣는다. 이는 공경하고 삼가서 혼례를 무겁고 바르게 여기기 때문이다.

昏禮者 將合二姓之好 上以事宗廟 而下以繼後世也 故君子重之. 是以昏禮 納采問名納吉納徵請期 皆主人筵几於廟而拜迎於門外 入揖讓而升 聽命於廟 所以敬愼重正昏禮也.

공경하고 삼가며 무겁고 바르게 한 연후에 친하게 되는 것이 예의 큰 줄기이며, 남녀의 분별을 이루고 부부의 의리가 성립되는 까닭이다. 남녀의 분별이 있은 뒤에라야 부부의 의리가 있고, 부부의 의리가 있은 뒤에라야 부자의 친함이 있게 되며, 부자의 친함이 있은 뒤에라야 군신의 바른 도리가 있게 된다. 그러므로 혼례가 예의 근본이라고 말하는 것이다. 대체로 예란 관례에서 시작하고 혼례에 근본하며 상제(喪祭)에는 무겁게 하고 조빙(朝聘)[112]

111) 궤연 : 사당(祠堂)이나 상청(喪廳) 등에 영궤(靈几)를 설비해 놓은 곳. 또는 그에 딸린 제수(祭需)를 통틀어 이르는 말.

112) 조빙 : 제후가 천자를 뵙는 일과 제후국 사이에 서로 사신을 보내는 일.

에는 존엄하게 하며 향사(鄕射)[113]에는 화목하게 하는 것이니, 이것이 예의 큰 줄기다.

敬愼重正而后親之 禮之大體 而所以成男女之別 而立夫婦之義也. 男女有別而后夫婦有義 夫婦有義而后父子有親 父子有親而后君臣有正. 故曰 昏禮者 禮之本也. 夫禮始於冠 本於昏 重於喪祭 尊於朝聘 和於射鄕 此禮之大體也.

113) 향사 : 마을 사람들이 모여 활쏘기를 하는 향사례(鄕射禮).

45. 향음주의(鄕飮酒義)

• 작품 해설

이 편에서는 향음주례(鄕飮酒禮)의 의의에 대해서 기록하고 있다. 향음주례란 향당주려(鄕黨州閭)에서 현자(賢者)를 초청해 베푸는 음주(飮酒)의 예를 말한다.

향음주례의 의의는, 주인이 마을에 있는 학교의 문밖에서부터 손님을 절해 맞아들여 뜰에서 세 번 읍(揖)하고 섬돌에 이르러 세 번 사양한 뒤에 당에 오르는데, 이는 존경과 겸양을 다하기 위한 것이다. 손을 씻고 잔을 드는 것은, 정결함을 다하기 위한 것이다. 주인이 손님을 맞이하며 절하고, 주인이 잔을 씻으면 손님이 절하고, 주인이 잔을 올리면 손님이 절하고 잔을 받으며, 손님이 잔을 받으면 주인이 절하고 보내며, 손님이 술을 다 마시고 절을 하는 절차는 공경을 다하기 위한 것이다. 존경하고 겸양하며 정결히 하고 공경하는 것은 군자가 서로 접촉하는 방법이다. 이처럼 군자가 존경하고 겸양하면 서로 다투지 않게 되고, 정결히 하고 공경한다면 방자(放恣)하지 않을 것이다. 방자하지 않고 다투지 않는다면 싸움과 논쟁이 벌어지지 않을 것이고, 싸움과 논쟁이 벌어지지 않는다면 사나운 화가 없게 될 것이니, 이것이 군자가 타인으로부터 화를 면하는 까닭이다.

鄕飮酒之義 主人拜迎賓于庠門之外 入三揖而后至階 三讓而后升 所以致尊讓也. 盥洗揚觶 所以致絜也 拜至拜洗拜受拜送拜旣 所以致敬也. 尊讓絜敬也者 君子之所以相接也 君子尊讓則不爭 絜敬則不慢 不慢不爭 則遠於鬪辨矣 不鬪辨 則無暴亂之禍矣 斯君子所以免於人禍也.

46. 사의(射義)

• 작품 해설

이 편에서는 활쏘기의 예에 대해서 기록하고 있다. 활쏘기는 육예(六藝)의 하나로서, 고대에는 활쏘기의 예를 통해 사람의 덕행과 사람됨을 살펴 인물을 선택했다고 한다.

활쏘기는 나아가고 물러남과 움직임이 모두 예에 맞아야 하니, 마음속의 뜻이 바르고 겉으로 드러나는 몸가짐이 곧은 연후에야 활과 화살을 잡는 것이 격식에 맞고 확고하게 된다. 활과 화살을 잡는 것이 격식에 맞고 확고한 연후에야 과녁에 적중(的中)함을 말할 수 있으니, 이것으로써 덕행을 볼 수가 있는 것이다.
射者 進退周還必中禮 內志正外體直 然後持弓矢審固 持弓矢審固 然後可以言中 此可以觀德行矣.

활쏘기는 인(仁)의 도리다. 활쏘기는 자신에게서 올바름을 구하는 것이다. 몸이 바르게 된 후에 발사하며, 발사해 맞추지 못하더라도 나를 이긴 자를 원망하지 않고 돌이켜 자신에게서 구할 뿐이다. 공자가 말했다. "군자는 다투는 것이 없으나 반드시 경쟁하는 것은 활쏘기일 것이다. 읍하고 사양하며 당에 오르고 활쏘기를 마친 후 당에서 내려와 마시니, 그 경쟁하는 모습이 군자답다."

射者 仁之道也 射求正諸己 己正而後發 發而不中 則不怨勝己者 反求諸己而已矣. 孔子曰 君子無所爭 必也射乎 揖讓而升 下而飮 其爭也君子.

47. 연의(燕義)

• 작품 해설

이 편에서는 음식(飮食)의 예 중 하나인 연례(燕禮)에 대해서 기록하고 있다.

윗사람이 반드시 바른 도리를 밝혀서 백성을 이끌면 백성이 이끌려 공이 있게 되니, 그런 연후에 그 10분의 1을 세금으로 취한다. 그러므로 윗사람의 재용(財用)이 풍족하고 아랫사람이 궁핍하지 않게 되며, 이 때문에 윗사람과 아랫사람이 화친해서 서로 원망하지 않게 된다. 화합하고 편안함은 예의 효용이며, 군신 · 상하의 대의(大義)다. 그러므로 연례(燕禮)는 군신의 의리를 밝히기 위한 것이라고 한다.

上必明正道以道民 民道之而有功 然後取其什一 故上用足而下不匱也 是以上下和親而不相怨也. 和寧 禮之用也 此君臣上下之大義也. 故曰 燕禮者 所以明君臣之義也.

48. 빙의(聘義)

• 작품 해설

이 편에서는 손님을 맞이하는 예법인 빙례(聘禮)에 대해서 기록하고 있다. 빙례에는 천자가 제후를 어루만지기 위한 것과 제후가 천자를 섬기는 것, 그리고 제후 사이에 친선을 도모하기 위한 것이 있다.

빙례에 상공(上公)은 일곱 명의 보좌관이 수행하고, 후(侯)와 백(伯)은 다섯 명의 보좌관이, 자(子)와 남(男)은 세 명의 보좌관이 수행하는데, 이는 귀천을 밝히기 위한 것이다. 보좌관들이 그 지위에 따라 서로 이어서 명(命)을 전하는데, 군자가 자신이 높이는 상대방에 대해 감히 곧바로 명을 전하지 않음은 공경이 지극하기 때문이다. 세 번 사양한 뒤에 명을 전하고 세 번 사양한 뒤에 묘문(廟門)에 들어가며, 세 번 읍한 뒤에 계단을 오르고, 세 번 사양한 뒤에 당에 오르는 것은 존경과 예양(禮讓)을 지극히 하기 위함이다.

聘禮 上公七介 侯伯五介 子男三介 所以明貴賤也. 介紹而傳命 君子於其所尊 弗敢質 敬之至也. 三讓而后傳命 三讓而后入廟門 三揖而后至階 三讓而后升 所以致尊讓也.

49. 상복사제(喪服四制)

• 작품 해설

이 편에서는 상복이 지닌 네 가지 의미에 대해서 기록하고 있다.

무릇 예의 큰 줄기는 천지(天地)를 형상하고 사시(四時)를 본받고 음양(陰陽)을 법칙으로 하고 인정(人情)에 따른 것이다. 그러므로 예라고 말하니, 이를 비방하는 자는 예가 말미암아 나온 바를 모르는 것이다. 대체로 예는 길흉(吉凶)이 도를 달리해 서로 간섭하지 못하니, 이는 음양에서 취한 것이다. 상복(喪服)에 네 가지 제도가 있는데, 이를 변통해 마땅함을 따르는 것은 사시에서 취한 것이다. 은정(恩情)이 있고 이치(理致)가 있고 절도(節度)가 있고 권도(權道)가 있으니, 이는 인정에서 취한 것이다. 은정이란 인(仁)이고 이치는 의(義)며 절도는 예(禮)고 권도는 지(知)니, 인의예지의 인도(人道)가 모두 갖추어져 있는 것이다.

凡禮之大體 體天地 法四時 則陰陽 順人情 故謂之禮 訾之者 是不知禮之所由生也. 夫禮 吉凶異道 不得相干 取之陰陽也. 喪有四制 變而從宜 取之四時也 有恩有理有節有權 取之人情也 恩者仁也 理者義也 節者禮也 權者知也 仁義禮知 人道具矣.

해설

《예기(禮記)》는 유교 경전 중 오경(五經)의 하나다. 주(周)나라 말기에서 진한(秦漢)시대까지의 예(禮)에 관한 학설을 집록한 것으로, 《주례(周禮)》, 《의례(儀禮)》와 함께 '삼례(三禮)'라고 한다. 예경(禮經)이라 하지 않고 《예기》라고 한 것은, 예에 대한 기록 또는 예에 관한 경전을 보완(補完) · 주석(註釋)했다는 뜻이다. 이에 《의례》가 예의 경문(經文)이며, 《예기》는 그 설명에 해당된다고 보기도 한다.

그러나 《예기》에서는 의례의 해설뿐 아니라, 음악 · 정치 · 학문 등 일상생활의 사소한 영역에 이르기까지 예의 근본정신에 대해 다양하게 서술하고 있으므로, 《예기》를 단순히 《의례》의 해설서라고 보기는 어렵다고 하겠다.

《예기》의 성립과 전승

《예기》의 성립에 대해서는 그 설이 일정하지 않지만, 현재 전하고 있는 《예기》는 전한시대 대성(戴聖)에 의해 정리된 예에 대한 기록인 《소대례기(小戴禮記)》다.

진시황(秦始皇)의 분서갱유(焚書坑儒)로 망실되었던 서적들이 한무제(漢武帝)가 유학을 관학(官學)으로 삼은 후 다시 세상에 나오게 되었는데, 예(禮)에 대한 것으로는 노(魯)의 고당생(高堂生)이 〈사례(士禮)〉 17편을 전했고, 하간헌왕(河間獻王)이 고례에 관한 기록 131편을 모아 한무제에게 헌납했다. 이후 〈명당음양기(明堂陰陽記)〉 33편, 〈공자삼조기(孔子三朝記)〉 7편, 〈왕씨사씨기(王氏史氏記)〉 21편, 〈악기(樂記)〉 23편을 더 얻어 모두 214편이 되었다고 한다.

고당생은 소분(蕭奮)에게 학문을 전했고, 소분은 맹경(孟卿)에게, 맹경은 후창(后蒼)에게 전했으며, 후창은 대덕(戴德), 대성(戴聖), 경보(慶普) 등에게 예를 전수했다. 이들의 학문은, 선제(宣帝) 때에 학관(學官)이 설치되어 박사(博士)를 두게 되었다. 이 중 대덕은 대성의 작은아버지이므로 대대(大戴)라 일컫고, 대성은 소대(小戴)라 일컫게 되었다. 대덕과 대성은 흩어져 있는 예설을 수집 · 편찬했는데, 대덕이 편찬한 책은《대대례기(大戴禮記)》85편이고, 대성이 편찬한 책은《소대례기》49편이다. 이후 경보의 경씨례(慶氏禮)는 점차 쇠퇴해 망실되고, 대덕과 대성의 학문이 주로 남게 되었다.

한나라의 뛰어난 학자인 정현(鄭玄)은《육예론(六藝論)》에서 "지금 세상에서 행해지는 예는 대덕과 대성의 학(學)이다. 대덕은 기(記) 85편을 전했으니 바로 대대례(大戴禮)고, 대성은 예 49편을 전했으니 바로 예기다"라고 하여, '예기'라는 이름이 처음으로 등장한다. 정현이《주례》·《의례》와 함께《소대례기》에 주석을 붙여 '삼례'라 칭하게 된 후,《소대례기》가《예기》로 일컬어지게 되었다.

《대대례기》는 흩어져서 일부가 없어지고, 지금 알 수 있는 것은 40편에 지나지 않는다. 그런데《대대례기》85편에서 49편을 정리 · 편찬한 것이《소대례기》인지, 아니면 두 책이 각각 별개로 편찬되어 전승되었는지는 분명하지 않다. 학자들은 대개 별도로 편찬된 것으로 보는 경향이 많다. 또한 대성이 정리한 것은 46편이었으며, 한말(漢末)의 마융(馬融)이 〈월령(月令)〉, 〈명당위(明堂位)〉, 〈악기(樂記)〉 세 편을 더해 49편으로 만들었다는 설도 있다.

《예기》 각 편의 작자에 대해서는 알려져 있지 않지만, 몇몇 편에 대해서는 작자가 전해지고 있다. 예를 들어, 육덕명(陸德明)은 《경전석문서록(經典釋文敍錄)》에서 〈중용(中庸)〉은 자사(子思)가 지은 것이고, 〈치의(緇衣)〉는 공손니자(公孫尼子)가 지은 것이라고 했다. 또한 정현은 〈월령〉이 여불위(呂不韋)가 지은 것이라고 했고, 노식(盧植)은 〈왕제(王制)〉가 한나라 때의 박사(博士)들이 지은 것이라고 했으며, 왕숙(王肅)은 〈월령〉이 주공(周公)이 지은 것이라고 했다. 이외에 〈예운(禮運)〉은 자유(子游), 〈학기(學記)〉와 〈악기〉는 모생(毛生), 〈대학(大學)〉은 증자(曾子)가 지었다고 하기도 한다. 하지만 이에 대해 청대(淸代) 고증학자(考證學者)들이 많은 의혹을 제기하기도 한 점으로 보아, 믿을 만한 것은 아니다.

《예기》는 고금을 통해 수많은 주석이 있어 왔는데, 그중에서 정현의 주석이 가장 먼저 권위를 인정받았다. 정현은 《예기》를 주석하면서 신중하고 엄밀한 학문적 자세를 취해 원전을 존중했고, 잘못임이 분명한 대목일지라도 원문의 글자를 고치는 대신 주석으로 자세하게 지적해 두었다. 이러한 정현의 주석은 타의 추종을 불허해 당(唐)나라의 공영달(孔穎達) 같은 학자는 "예는 바로 정학(鄭學)

이다"라고 그를 높이 치켜세우기도 했다. 공영달은 당태종(唐太宗)의 명을 받아《오경정의(五經正義)》의 편수에 참여해《예기정의(禮記正義)》를 편찬하면서, 정현의 주를 바탕으로 웅안생(熊安生)·황간(皇侃)의《예기의소(禮記義疏)》를 참작해 독자적인 정리를 했다. 이후로《예기》는 정주공소(鄭注孔疏)라 해서 정현의 주와 공영달의 소가 존중되었다.

이 밖에 송(宋)나라 때 위식(衛湜)이 편찬한《예기집설(禮記集說)》, 원(元)나라 때 오징(吳澄)이 편찬한《예기찬언(禮記纂言)》과 진호(陳澔)가 편찬한《운장예기집설(雲莊禮記集說)》, 명(明)나라 때 호광(胡廣)이 편찬한《예기집설대전(禮記集說大全)》등이 대표적인 주석서라 할 수 있다.《예기집설대전》에서는 진호의《예기집설》을 표준으로 채택해, 이때부터 정현의 주석보다 진호의 주석이 널리 읽히게 되었다. 우리나라에서도 명나라 호광 등이 찬집한《예기집설대전》이 널리 읽혔다.

《예기》가 우리나라에 언제 전해졌는지는 분명하지 않다. 다만 중국의《삼국지(三國志)》〈위서(魏書)〉'동이전(東夷傳)'이나《주서(周書)》등에 "서적으로는 오경(五經)이 있다"는 등의 기록이 있는 것으로 보아, 삼국시대

초기에 이미 수용된 듯하며 통일신라 이후로는 관리 등용 시험에 필수 과목이 되는 수가 많았다.

우리나라 학자에 의한 주석은 여말선초(麗末鮮初)의 학자인 양촌 권근(陽村 權近)의 14년에 걸친 연구의 결실인 《예기천견록(禮記淺見錄)》(26권 11책)이 대표적인 저술이다. 이후 조선시대에는 예학(禮學)의 흥성과 함께 뛰어난 학자들에 의해 수많은 주석서가 간행되었다. 이외에 《예기대문언독(禮記大文諺讀)》은 《예기》에 국문으로 토를 단 책으로, 영조 43년(1767)에 교서관(校書館)에서 간행했다. 이 책에는 성삼문(成三問), 신숙주(申叔舟) 등이 서로 토론해 토를 달았다는 내용이 기재되어 있다.

《예기》의 내용

《예기》는 여러 사람이 잡다하게 기록한 것을 모은 책이기 때문에 내용이 체계가 없고 번잡한 느낌이 없지 않으며 편차(編次)의 배열도 일정한 원칙이 없다.

정현은 전한(前漢)의 학자 유향(劉向)의 《별록(別錄)》을 참고로 예기의 목록을 표와 같이 내용에 따라 아홉 가지로 분류했다.

정현이 분류한 《예기》의 내용

분류	편명
통론(通論)	〈단궁(檀弓)〉 상 · 하, 〈예운(禮運)〉, 〈옥조(玉藻)〉, 〈대전(大傳)〉, 〈학기(學記)〉, 〈경해(經解)〉, 〈애공문(哀公問)〉, 〈중니연거(仲尼燕居)〉, 〈공자한거(孔子閒居)〉, 〈방기(坊記)〉, 〈중용(中庸)〉, 〈표기(表記)〉, 〈치의(緇衣)〉, 〈유행(儒行)〉, 〈대학(大學)〉
제도(制度)	〈곡례(曲禮)〉 상 · 하, 〈왕제(王制)〉, 〈예기(禮器)〉, 〈소의(少儀)〉, 〈심의(深衣)〉
명당음양기(明堂陰陽記)	〈월령(月令)〉, 〈명당위(明堂位)〉
상복(喪服)	〈증자문(曾子問)〉, 〈상복소기(喪服小記)〉, 〈잡기(雜記)〉 상 · 하, 〈상대기(喪大記)〉, 〈분상(奔喪)〉, 〈문상(聞喪)〉, 〈복문(服問)〉, 〈간전(間傳)〉, 〈삼년문(三年問)〉, 〈상복사제(喪服四制)〉
세자법(世子法)	〈문왕세자(文王世子)〉
자법(子法)	〈내칙(內則)〉
제사(祭祀)	〈교특생(郊特牲)〉, 〈제법(祭法)〉, 〈제의(祭義)〉, 〈제통(祭統)〉
길례(吉禮)	〈투호(投壺)〉, 〈관의(冠義)〉, 〈혼의(婚義)〉, 〈향음주의(鄕飮酒義)〉, 〈사의(射義)〉, 〈연의(燕義)〉, 〈빙의(聘義)〉
악기(樂記)	〈악기(樂記)〉

또한, 원나라 때의 오징은 《예기찬언》에서 〈대학〉과 〈중용〉을 제외한 47편을 다음 표와 같이 여섯 개 부분으로 분류했다.

오징이 분류한 《예기》의 내용

분류	편명
정경(正經)	〈투호〉, 〈분상〉
정석의례(正釋儀禮)	〈관의〉, 〈혼의〉, 〈향음주의〉, 〈사의〉, 〈연의〉, 〈빙의〉
통례(通禮)	〈곡례〉 상 · 하, 〈내칙〉, 〈옥조〉, 〈소의〉, 〈심의〉, 〈월령〉, 〈왕제〉, 〈문왕세자〉, 〈명당위〉
상례(喪禮)	〈상대기〉, 〈잡기〉 상 · 하, 〈상복소기〉, 〈복문〉, 〈단궁〉 상 · 하, 〈증자문〉, 〈대전〉, 〈간전〉, 〈문상〉, 〈삼년문〉, 〈상복사제〉
제례(祭禮)	〈제법〉, 〈교특생〉, 〈제의〉, 〈제통〉
통론(通論)	〈예운〉, 〈예기〉, 〈경해〉, 〈애공문〉, 〈중니연거〉, 〈공자한거〉, 〈방기〉, 〈표기〉, 〈치의〉, 〈유행〉, 〈학기〉, 〈악기〉

이상과 같은 《예기》의 내용은 크게 두 가지로 나누어볼 수 있다. 첫째는 의례에 대한 해설 부분이고, 둘째는 예 일반에 대한 철학적 이론 또는 잡다한 기록이다.

《예기》의 내용은 주로 중국 고대사회의 생활 의식에 관한 기록이라 할 수 있다. 고대사회에서 예의 영역은 국가의 통치 제도에서부터 사회적인 도리(道理)의 규정, 개인의 수신(修身)에 이르기까지를 망라하는 광범위한 것이었다. 따라서 통치의 수단이며 교화의 방법이었던 '예'를 기술한 《예기》는 유교적 예치주의(禮治主義)를 선양하기 위한 교재로 중시되었으며, 그 영향은 '삼례' 중에서 가장 컸다고 하겠다. 또한 《예기》는 중국 전국시대(戰國時代)와 진한(秦漢) 시기의 유교사상이나 사회사상을 연구하고 유교적 예치주의를 이해하는 데에도 기본이 되는 책이며, 우리나라에서도 오래전부터 우리의 생활문화에 지대한 영향을 끼친 책이다.

참고 도서 : 《유교대사전》, 《한국민족문화대백과사전》, 《중국고전백선》

엮은이에 대해

《예기》는 주(周)나라 말기에서 진한시대까지의 예에 관한 학설을 집록한 책이다. 현재 전해지는 《예기》는 전한(前漢)시대 대성(戴聖)이 정리한 《소대례기》다.

대성의 생몰년은 정확히 알려져 있지 않으나, 기원전 1세기 전후에 살았던 것으로 추정된다. 중국 전한시대의 경학자로 자(字)는 차군(次君)이며, 양(梁) 땅 출신이다. 금문예학(今文禮學)인 소대학(小戴學)의 창시자다. 한나라 선제(宣帝) 때에 구강태수(九江太守)를 지냈으며, 학관에 예(禮)가 설치되었을 때 박사(博士)가 되어 궁정에서 예를 강의했다. 기원전 51년에 개최된 석거각회의(石渠閣會議)에 참가해 '오경동이(五經同異)'를 강론했다. 숙부인 대덕과 함께 후창에게 예를 배웠다. 대덕은 '대대', 조카인 대성은 '소대'라고 일컬어졌다. 대성은 자신의 학문을 동향(同鄕) 사람인 교인(橋仁)과 양영(楊榮)에게 전수했는데, 이로 인해 대성의 학문은 교인과 양영 두 학파로 나뉘게 되었다. 대성이 고대의 각종 예의와 관련된

논술을 모아 《소대례기》 49편을 편찬한 것이, 지금의 《예기》다.

옮긴이에 대해

도민재는 1966년 서울에서 출생했다. 성균관대학교 유학대학 유학과를 졸업한 후, 동 대학교 대학원 동양철학과에서 석사와 박사과정을 마치고, 〈조선전기 예학사상 연구〉라는 논문으로 철학박사 학위를 취득했다. 중국 북경대학 철학과에서 고급진수과정을 이수했고, 성균관대학교·대구한의대학교·상지대학교에서 강의했다. 영산대학교 교수를 거쳐, 현재 청주대학교 교양학부 교수로 재직하고 있다.

주된 연구 분야는 유가철학과 예학 분야로, 특히 전통예절의 현대적 의미 및 고전교육과 인성교육에 많은 관심을 갖고 연구하고 있다. 공저로 《논어의 종합적 고찰》(심산, 2003)과 역서로 《효경》(지식을만드는지식, 2008), 《대학》(한울, 2023)이 있으며, 〈한강 정구의 학문과 예학 사상〉, 〈한국의 전통 가정교육과 유교〉, 〈유교 제례의 구조와 의미〉, 〈전통사회 '소학' 교육과 청소년 예절교육의 방향〉 등 다수의 연구 논문이 있다.

원서발췌 예기

엮은이 대성
옮긴이 도민재
펴낸이 박영률

초판 1쇄 펴낸날 2014년 7월 31일
개정1판 1쇄 펴낸날 2025년 8월 29일

커뮤니케이션북스(주)
출판등록 제313-2007-000166호(2007년 8월 17일)
02880 서울시 성북구 성북로 5-11
전화 (02) 7474 001, 팩스 (02) 736 5047
commbooks@commbooks.com
www.commbooks.com

ISBN 979-11-430-1124-4 03150

책값은 뒤표지에 있습니다.